洪燕云 何庆 著

创造学

清华大学出版社
北京

内容简介

本书是一本面向工程技术人员、大中专师生介绍有关创造学的知识功能、创造思维、创造原理、创造技法和创新教育的著作，旨在通过有关基本理论知识和实例的介绍，引导工程技术人员、大中专师生进行自我创造力的训练，进而培养创新精神，增强创造意识，激发创造欲望，提高创造能力，以便于更好地与各自的专业技术相结合，创造出适应社会发展的新设计、新产品，同时把大中专学生培养成创造性人才。

本书揭示了创造性活动的规律，系统讲解创造力、创造技法、创新式开发工具，探讨创新教育内容，具有系统性、创新性、教育性和开发性。本书书中内容多结合作者的科研和教学创新，以及参加比赛的典型实例，与市面上的同类书籍相比，本书有自己的特色，既可为工程技术人员开发自身创造力提供范例，同时也可作为教师和大中专学生训练创造性思维的教材，亦可作为有志于创新设计和新产品开发的读者参考。

版权所有，侵权必究。举报：010-62782989，beiqinquan@tup.tsinghua.edu.cn。

图书在版编目（CIP）数据

创造学/洪燕云，何庆著. —北京：清华大学出版社，2009.3（2021.9重印）
ISBN 978-7-302-19567-2

Ⅰ.创… Ⅱ.①洪… ②何… Ⅲ.创造学 Ⅳ.G305

中国版本图书馆CIP数据核字（2009）第019939号

责任编辑：庄红权
责任校对：王淑云
责任印制：丛怀宇

出版发行：清华大学出版社
    网　　址：http://www.tup.com.cn，http://www.wqbook.com
    地　　址：北京清华大学学研大厦A座　　　　邮　编：100084
    社 总 机：010-62770175　　　　　　　　　　邮　购：010-62786544
    投稿与读者服务：010-62776969，c-service@tup.tsinghua.edu.cn
    质量反馈：010-62772015，zhiliang@tup.tsinghua.edu.cn
印 装 者：北京九州迅驰传媒文化有限公司
经　　销：全国新华书店
开　　本：185mm×260mm　　　印　张：8.75　　　字　数：208千字
版　　次：2009年3月第1版　　　　　　　　　　　印　次：2021年9月第12次印刷
定　　价：33.00元

产品编号：031388-04

前言
Foreword

在中国共产党第十六次代表大会上，江泽民同志论述了创新的重要性，要求我们进行理论创新、科技创新、教育创新和体制创新。创造性研究和拥有自主知识产权的新产品开发一直是这个时代的主题。如何进行创造以及开发人的创造力，不是每个人都了解的。因此如何抓住瞬间的"灵感"进行科学的创造，使工程技术人员（或大中专学生）利用已有的知识、经验、专利、媒体等信息进行二次创新的技术研究与训练就显得尤为重要。

为顺应上述需要，作者结合多年的科研及指导大学生进行创新、创业的经验，通过实例，对创造性开发的规律、功能、创造性思维、创造技法、创新性开发工具、创新教育等方面进行了全面的论述，以期诱导人们（尤其是工程技术人员、大中专学生）创造力的爆发，为建设创新型国家做出自己一点理论上的贡献。

本书是作者在多年来研究创造学，发表10多篇创造性思维、新产品开发论文的基础上，有选择地吸收已有的创造经验和大学生创业、创新等相关学科的最新成果，经整合而成的一本具有学科交叉的技术性论著。

本书共分为7章。第1章介绍了创造学产生的背景及发展历程；第2章分析了人的创造力因素，旨在说明创造力的可开发性；第3章介绍了创造性思维的结构特征，阐述了创造性思维的开发与训练；第4章分类论述了创造技法及其应用；第5章介绍了创新开发的软、硬件及现代设计平台，描述了创新模块应用实例；第6章对大学生创业计划的策划与管理进行了详细分析与设计；第7章阐述创新教育的必要性，研究了如何进行创新型人才的培养。

本书在编写过程中，参考了国内外大量的文献材料，由于篇幅所限，有些文献和资料的作者和单位未能一一列出，在此一并表示衷心感谢。

由于作者的水平和经验有限，加上时间仓促，书中错误和遗漏之处在所难免，恳请广大读者指正，以便我们以后不断补充、完善。

编　者

2009年3月

目录

第1章 概述 … 1
1.1 创造学的特点 … 1
1.1.1 创造学的含义 … 1
1.1.2 创造与创新的关系 … 2
1.1.3 创造学研究与作用 … 2
1.2 国内外创造学研究概况 … 3
1.2.1 国外创造学研究概况 … 3
1.2.2 国内创造学研究概况 … 6

第2章 创造力的可开发性 … 9
2.1 人的创造力 … 9
2.1.1 创造力分类 … 9
2.1.2 创造力模型 … 10
2.1.3 影响创造能力的因素 … 11
2.2 开发人的创造力 … 12
2.3 创造力评估 … 16
附录 创造力自我测试题 … 17

第3章 创造性思维开发 … 20
3.1 认识创造性思维 … 20
3.2 创造性思维开发训练 … 22
3.2.1 灵感思维 … 22
3.2.2 发散思维 … 24
3.2.3 侧向思维 … 27
3.2.4 收敛思维 … 28
3.2.5 求异思维 … 30
3.2.6 其他思维方式训练 … 33
附录 从大学时代的创新思维到世界500强——联邦快递创业之路 … 35

第4章 创造技法 … 37
4.1 联想创造法 … 37

  4.1.1 缺点列举法 ……………………………………………………… 37
  4.1.2 希望点列举法 …………………………………………………… 39
  4.1.3 特性列举法 ……………………………………………………… 41
  4.1.4 类比法 …………………………………………………………… 43
  4.1.5 反面求索法 ……………………………………………………… 44
  4.1.6 移植法 …………………………………………………………… 49
  4.1.7 仿生法 …………………………………………………………… 49
 4.2 智力创新法 …………………………………………………………… 51
  4.2.1 智暴法 …………………………………………………………… 51
  4.2.2 头脑风暴法 ……………………………………………………… 51
  4.2.3 德尔菲法 ………………………………………………………… 52
  4.2.4 提问法 …………………………………………………………… 53
 4.3 组合、分解创造法 …………………………………………………… 56
  4.3.1 组合法 …………………………………………………………… 56
  4.3.2 分解法 …………………………………………………………… 58
  4.3.3 形态矩阵法 ……………………………………………………… 59
 4.4 信息传媒创造法 ……………………………………………………… 60
  4.4.1 综合信息进行创造 ……………………………………………… 61
  4.4.2 专利利用法 ……………………………………………………… 61
 4.5 其他创造方法 ………………………………………………………… 64
 附录 A 专利申请文件撰写示例 ……………………………………………… 65
 附录 B 专利申请程序 ………………………………………………………… 68

第 5 章 创新式开发工具 …………………………………………………………… 70

 5.1 创新模块开发软件 …………………………………………………… 70
  5.1.1 一般设计开发软件 ……………………………………………… 70
  5.1.2 计算机辅助创新软件 …………………………………………… 71
 5.2 创新开发的硬件工具 ………………………………………………… 72
  5.2.1 模块化工程创新系列产品 ……………………………………… 72
  5.2.2 慧鱼创意组合模型 ……………………………………………… 73
 5.3 产品创新的设计平台 ………………………………………………… 77
  5.3.1 基于手绘草图的创新设计技术 ………………………………… 77
  5.3.2 基于知识的概念创新设计系统 ………………………………… 78
  5.3.3 计算机辅助创新设计系统 ……………………………………… 78
  5.3.4 创新设计平台 …………………………………………………… 82
 5.4 工程创新模块套件应用实例 ………………………………………… 84
  5.4.1 泥煤装载机模型组装 …………………………………………… 84
  5.4.2 教育机器人二次开发设计 ……………………………………… 88
 5.5 大学生创新大赛示例 ………………………………………………… 89

  5.5.1 增力自行车创新设计 …………………………………………………… 89
  5.5.2 新型扳手创新设计 ……………………………………………………… 91
  5.5.3 多方位头颈锻炼器 ……………………………………………………… 96

第6章 创新教育 …………………………………………………………………… 98

 6.1 创新教育概述 …………………………………………………………………… 98
  6.1.1 创新教育的含义 ………………………………………………………… 98
  6.1.2 创新教育的内容 ………………………………………………………… 98
  6.1.3 创新教育的目标 ………………………………………………………… 99
 6.2 创造学与职业教育 ……………………………………………………………… 100
  6.2.1 创造学在职业教育中的重要性 ………………………………………… 100
  6.2.2 职业学校应大力开展创新教育 ………………………………………… 101
  6.2.3 职业学校创新教育的必要条件 ………………………………………… 104
  6.2.4 创新教育中教师应具备的素质 ………………………………………… 106
 6.3 创新型人才的培养 ……………………………………………………………… 107
 6.4 实例 ……………………………………………………………………………… 110
  6.4.1 创新教育教学设计案例 ………………………………………………… 110
  6.4.2 学生作品 ………………………………………………………………… 112

第7章 大学生创业计划范例 …………………………………………………… 113

 7.1 公司规划 ………………………………………………………………………… 113
 7.2 项目背景 ………………………………………………………………………… 115
  7.2.1 环境现状 ………………………………………………………………… 115
  7.2.2 产品概述 ………………………………………………………………… 115
 7.3 市场分析 ………………………………………………………………………… 117
  7.3.1 购买特征 ………………………………………………………………… 117
  7.3.2 市场细分 ………………………………………………………………… 117
  7.3.3 行业进入难度分析 ……………………………………………………… 119
  7.3.4 市场容量 ………………………………………………………………… 120
 7.4 生产管理 ………………………………………………………………………… 120
  7.4.1 厂址选择 ………………………………………………………………… 120
  7.4.2 项目进度 ………………………………………………………………… 121
  7.4.3 生产工艺流程 …………………………………………………………… 121
  7.4.4 零部件来源 ……………………………………………………………… 121
  7.4.5 物料流程形式 …………………………………………………………… 121
  7.4.6 生产要求 ………………………………………………………………… 122
 7.5 公司战略 ………………………………………………………………………… 123
  7.5.1 总体战略 ………………………………………………………………… 123
  7.5.2 发展战略 ………………………………………………………………… 123

7.6 市场营销策略 …………………………………………………………… 124
　　7.6.1 概述 ……………………………………………………………… 124
　　7.6.2 售后服务 ………………………………………………………… 125
　　7.6.3 价格策略 ………………………………………………………… 126
　　7.6.4 销售渠道 ………………………………………………………… 126
　　7.6.5 物流管理 ………………………………………………………… 126
　　7.6.6 促销策略 ………………………………………………………… 127

参考文献 ………………………………………………………………………… 129

第1章

概 述

1.1 创造学的特点

1.1.1 创造学的含义

《辞海》对创造学的定义是:"创造学是研究人类的创造能力、创造发明过程及其规律的科学"。它从概念提出(1941年)到现实应用只有几十年时间,现已成为一门独立的新兴学科,正处于不断发展和充实完善之中。

创造学以人类的创造发明活动及其创造、创新能力为研究对象,涉及创造力及其开发、创造性思维、创造技法、创新环境、创造过程、创造性人才培养、创造评价等研究内容,不仅研究人们在创造活动中所表现出来的普遍规律,也研究创造的环境,例如什么样的环境有利于创造、创新活动,什么样的环境可能会妨碍人们的创造力发挥。近年来,创造学的内涵、外延有了扩展,如研究创造教育、创造者的创新心理和性格,以及考虑到各种不同的个人因素、程序因素和情境因素在内的创造产品的生态系统(ecological system)研究等。

任何一个创造,或是形成创造的成果和作品,或是成就创造者的能力和境界。但不论是哪一种,创造过程是最重要的,因为它是创造者锻炼成才的必不可少的环节。

创造学中所说的创造发明,不仅包括"大人物"的重大发明和创造,也包括普通人的一般发明和创造。判断一个事物是否是发明和创造,关键在于它是否具有"独创性"、"新颖性"和"首创性"。创造来源于生活、生产实践、科学、信息等各方面。创造也可以说适用于生活、生产的诸多方面,不管是农业、工业还是服务业,不管是教育、行政以及经济和信息,有了创造都可以产生意想不到的效果。

创造学也像其他学科一样并非是某个天才人物的即兴之作,而是许多创造学研究者长期实践智慧的结晶。

真正意义上的创造在于创新,它的内涵有个人的风格和特征。比如在美术、计算机等各方面,其创作一般可以称为创造。因为美术创作依靠的是创作者瞬时的灵感和对事物的美的摄取,它取决于个人的心境和对事物的看法。而对于计算机中软件的创作同样需要创作者对事物的深刻认识,是和思维紧密联系在一起的,它富含个性;再者如音乐,那来自"八度空间"的优美的主旋律,它熔融了创作者对境遇的感触和对人生的感悟。创造是推陈出新的壮举,那从无到有的转变使得情感、才华、艺术和科学成为永恒。

1.1.2 创造与创新的关系

创造与创新在本质特征上是一致的,但在其外延的包容性和内涵的深刻性上有度的差别。创造具有原创性意义,创造学原来译自美国的 Creative Study,直译为"创造性研究"。我国创造学专家庄寿强教授创造性地提出"Creatology"作为创造学的英文名词(详见《创造学理论研究与实践探索——首届全国高等学校创造教育及创造学研讨会文集》),并得到国内外同行专家的认可。

创新的英语是"Innovation",可以理解为改革、革新、更新。对于各个不同的领域要想有所前进,都必须首先充分掌握本领域前人已经取得的成果,在总结正反两方面经验的基础上进行独特的、新颖的、有价值的活动,这就需要创新。而创新则可以看作是二度创造,表现为以特定范围和群体为参照系的新关系的发现,并按新关系去实现其价值,是对创造概念的广义的应用性理解。1912年,美籍奥地利经济学家熊彼特在《经济发展理论》一书中首先提出创新概念,其最大特色就是强调生产技术的革新和生产方法的变革。所谓创新就是建立一种新的生产函数,把一种从来没有过的关于生产要素和生产条件的新组合引入生产体系。只有经过这种创新,才能导致经济的增长和发展。

研究创造与创新的目的也是相同的,即总结和发掘人类已有的发明创造规律和研究方法,传授给更多的人(包括工程设计人员),进而最大限度地开发人们的创造力,设计和制造出新产品,满足工农业生产和人民生活的新需要。

1.1.3 创造学研究与作用

1. 创造学的研究对象

(1) 创造者　创造的主体,是创造学研究的起点。

(2) 创造过程　创造成果酝酿、发生、发展直至形成的全部经过。

(3) 创造力　创造者在创造过程中表现出来的特殊能力。

(4) 创造原理与思维　创造者的情况各不相同,创造的时机和条件千差万别,然而,总存在着一些可适用于各种情况的、对指导人们从事创造有普遍意义的规律、规则或道理。

(5) 创造技法　在漫长的历史进程中,人类已经逐步积累了有关开展创造活动的丰富经验,总结了许多获取创造成果的方法。

(6) 创造条件　除了自身的内部因素以外,创造者所处的外部条件也同创造活动密切相关。

(7) 创造教育　创造的规律具有普遍意义,创造方法也可以模仿、学习,如何将前人的创造经验传授给后人并且得到继承与发扬,构成了创造学研究的一个重要领域——创造教育。与此同时,创造学的一些基本原理与方法也适用于一般的教育领域,从而构成了创造教育研究的又一重要方面。

(8) 创造评价　主要是指对创造力的评价。

2. 创造学的作用

(1) 激发智力增效作用　学习运用创造学,虽然并不能完全像"灵丹妙药"那样"立竿见影",一用就灵,但它能使创造者在潜移默化中开拓思路、提速思维或少走弯路,更快地接近目标。许多在生产实践中的难题久攻不下,往往并非是因为其技术难度太大,而是因为人们的思维方式不对,缺少创造性思维。

(2) 创造导航作用　创造学的研究,揭示创造活动的基本规律,为人们从事发明创造提供理论依据、可借鉴的有效方法。它不仅使普通人从事发明创造活动成为现实可能,而且对创造者的发明创造活动起到一个很好的导航作用,能有效地帮助创造者从被动转向主动、从盲目转向明确、从模糊转向清晰。

(3) 优化创造环境作用　创造学的推广应用还可以起到优化创造环境的作用。在支持、激励创造、创新的环境中,创造者如鱼得水,可以无拘无束地开启思维大门、大胆创新,从而激发创造潜能。创造学对创造环境问题进行了专门的研究,揭示了创造主体、客体与创造环境的关系,并就如何优化创造环境提出了原则性的意见。因此,学习创造学,在理论上可了解和认识到创造环境的作用和重要性,也可从实践上增强优化创造环境的自觉性。

创造包含三个方面的内容,即创造者、创造过程和创造成果。

根据创造学的研究内容和作用,可得出创造学的任务是:研究创造机制,探索创造规律,总结创造方法,并把它传授给包括一般人在内的更多人,开发人们的创造能力,使人类更加聪明,以适应创新时代的要求。早在21世纪初,面对未来的挑战和机遇,江泽民同志就指出:"创新是一个民族进步的灵魂,是国家兴旺发达的不竭动力。如果自主创新能力上不去,一味靠技术引进,就永远难以摆脱技术落后的局面。一个没有创新能力的民族,难以屹立于世界先进民族之林。"

一个人如果没有创造力,就会忙忙碌碌一辈子,没有发明成就。一个企业没有创造力,就不能开发生产适销对路的新产品,就会在商品竞争中失去竞争力。一个国家、一个民族没有创造力,就很难繁荣,甚至会危及国家、民族的生存。

1.2　国内外创造学研究概况

1.2.1　国外创造学研究概况

1. 美国的创造学研究与发展

美国是创造学的发源地之一,是较早将创造作为科学问题进行研究的国家。

1936年美国通用电气公司首先对其职工开设"创造工程"课程,使职工的发明、创造能力显著提高。1931年美国内布拉斯加大学教授R.克劳福德发明"特性列举法"。1938年美国BBDO广告公司副总经理A.F.奥斯本发明"智力激励法"(或"头脑风暴法")。1942年美国哈佛大学水下声学实验室科学家W.J.J.戈登发明"统摄法"。1943年9月,德国心理学家马克斯·韦特海默的《创造性思维》一书在美国出版,这是世界上第一部研究创造性思维的专著。1953年奥斯本又出版《创造性想象》一书,对创造性思维进行有益探索,成为创造学创始人。1957年美国陆军开发了"5W2H法"。

1948年美国麻省理工学院首先开设"创造性开发"课程。1949年奥斯本在布法罗大学开办"创造性思考"夜校,讲授创造的基本原理和技法,据测定,学生的创造力平均提高47%。此后不久,哈佛大学、布法罗大学等许多高校也相继开设有关创造性训练的课程。为促进创造教育的开展,1954年美国设立了"创造性教育基金会"。美国中小学从小学三年级起到高中毕业,几乎同时接受三种以上的发明创造教育。

到20世纪80年代,美国已有专门的创造学研究机构10多所,并有50多所大学设立了类似的研究机构。1979年,美国总统的科学顾问在一次演讲中强调说:"我们正跨入一个新的时代——急需一种新的创造精神的时代"。20世纪80年代美国已在航空学、农业、建筑学、企业管理、化学、工业工程、地理学、物理学、新闻学、销售学、体育学和教育学等20多个专业采用创造力开发的原则和方法进行教学。目前美国几乎每所大学都开设了关于创造的课程。

美国一大批著名企业,如美国通用电气公司、IBM公司、无线电公司、道氏化学公司、通用汽车公司等,也都设立了自己的创造力训练部门,仅1955年就培训700人。这些公司聘请创造学专家从事传播、咨询、培训、开发、评估、解题、决策、人才选拔、设计等方面的创造性咨询服务。现每年有数以10万计的在职职工接受创造工程学的训练,美国一些大公司声称,凡未学过创造学的大学生,必须补修完该课程之后才能被接受为其公司的职员。企业的参与使创造力的开发培训产生了明显的经济效益和社会效益,反过来又推动了创造学的普及和发展。

美国军方也非常重视创造性想象之类的训练。至于各类咨询、广告公司,在创意方面的竞争更是激烈,这标志着美国创造学问题的研究与发明创造活动的普及在20世纪80年代就已经掀起热潮。

根据学者研究发现,美国的创造学研究由于受实用主义的影响,存在重应用、轻理论的问题。过分偏重实用性强的创造技法研究、解题方法研究和大、中、小学生创造力测评研究,对创造性思维、创造活动规律等深层理论问题,制度创新及科学创造方法等方面的问题研究得不多。

2. 日本的创造学研究与发展

日本在经济方面拥有许多世界第一,然而这些经济世界第一的原动力却是创造发明。日本有约占全国人口5%,即600万人的发明大军。日本开发创造力的特点是举国重视,相互配合支持,形成了广泛、深入、持久的全民性创造力开发运动。日本把国民创造力作为第一资源来开发,在政策与制度方面对创造学的发展给予支持和保证。

1982年福田首相在一次会议上,提出"立足国力,开发创造力,创造新技术,确保竞争优势"的方针,确认"创造力开发是日本通向21世纪的支柱",日本政府还把每年4月18日定为"全国发明节",在全国各地举行表彰、纪念成绩卓著的发明家的活动。近年来文部省召开"关于加强大学理工科魅力恳谈会"(1994年2月),强调"发现与创造之喜悦"。1996年6月,日本中央教育署议会亦提出学校要培养学生解决问题的能力。2000年12月,首相在教育改革国民会议中,提出数项改革重点,包括了培养学生的创造力。

日本教育宗旨是:"教育要适应技术革新时代而提高学生的人格品位,发展学生的想象力、谋划能力和创造性智力以及为创造而进取的不屈不挠的意志力"。日本中央政府和地方政府合作成立了几个以培养创新人才为主的国际化大学(如丰桥技术科学大学),学校的基本理念是希望能在技术科学领域培育具有创造力及实践力的技术领导者及研究者。

其他相关大学,如京都大学设立了国际融合创造中心(Kyoto University International Innovation Center),鼓励创意研究;一桥大学(Hitotsubashi University)也设立了创新研究中心(Institute of Innovation Research),从事创新方面的相关研究等。

创造学在日本企业应用和民间组织研究也是蓬勃发展。

20世纪70年代日本即在创造学的研究和应用方面超过美国。企业普遍开展创造教育,而且在社会上先后建立创造性研究会、创造工程研究所和创造学会等组织。例如,丰田汽车公司的总公司设立"创造发明委员会",下属部门设立创造发明小组,广泛开展"设想运动",取得巨大的经济效益。1975年该公司收到来自员工的创造发明设想和建议3.8万件,采用率高达83%,支付奖金3.3亿日元。当年仅其中的一个制造部门就由此获得160亿日元的效益。到20世纪80年代,创造发明活动又掀起高潮,因此,小发明、小创造非常多,使日本成为发明大国。

20世纪80年代以后,日本普遍开展"全员创造发明运动"。一些大企业(如松下、日立、京尼等)都把开发职工的创造力作为一项常年轮训的内容,有力地推动了企业的技术革新和合理化建议活动,如日立公司7万名员工,仅1983年申请的专利和小发明就多达25000件。在这种社会环境里,也造就了发明大王中松义郎。他近50年来共获得2360项专利,远远超过美国爱迪生1320项的专利记录。有人认为,这也正是战后日本经济快速腾飞的奥秘之一。日本的专利申请每年高达55万件,占全世界专利申请数的三分之一。

在民间组织方面,日本发明协会在全国设立47个分会、1000多所少年发明俱乐部,各发明俱乐部举行各种活动鼓励民众踊跃参与创造发明;并向企业界募集活动基金,举办各类创意竞赛活动,在发明过程与产品生产中来体验创造。

日本民间创办了有影响的创造学刊物,如日本创造学会会刊《创造学研究》、《创造》等;出版了大量的研究著作,如高桥浩的《创造性思维方法101》,思田彰的《创造性心理学——创造的理论与方法》,场川秀树的《创造力和直觉》,星野芳郎的《发明的源泉》等。

3. 前苏联的创造学研究与发展

前苏联政府十分重视国民创造力的开发,并把其载入前苏联宪法中。前苏联政府尤其重视大学生创造力的开发,重视发明创造。前苏联在创造学研究方面的特点是:

(1) 在创造学研究方面形成了现代发明方法学体系　他们的创造学研究侧重于探讨发明对象的客观规律性,重点解决发明课题的程序。前苏联学者创立了物场分析理论和方法,制定了发明课题程序大纲、物理化效应表、基本措施表和由不同基本措施组合而成的标准解法表等工具,形成了发明方法学体系。

(2) 建立了创造性教育和人事体制　在大学开设创造学课程,成立"大学生设计局",建立各种形式的发明创造学校,如1958年,前苏联首先在拉脱维亚人民技术学院开始讲授创造的理论与技法。20世纪60年代逐步普及,建立了各种形式的创造发明学校,成立全国与地方性的学术组织,制定了《发明解题程序大纲》,总结出40条发明创造的基本措施。1971年在阿塞拜疆创办世界第一所发明创造大学。20世纪70~80年代陆续出版了一批学术专著,如《创造学是一门精密的科学》、《发明家用创造学原理》和《发明创造心理学》等。

前苏联在人事制度方面规定设计部门配备设计师和发明工程师的比例为7∶1。正是由于采取了得力的导向措施,使得前苏联在20世纪70年代中期专利申请量和批准量一跃成为世界第二。

4. 其他国家的创造学研究与发展

英国、韩国、澳大利亚、德国等几十个国家也都先后开展创造问题的研究,普及发明创造活动,在各类学校和企业开展创造教育。创造问题研究的领袖人物之一,卡尔文·泰勒(C. W. Toylor)说:"在1950年前的65~70年间,科学文献中只出现过屈指可数的几篇关于创造力的研究论文。然而1955年后,不断增加的兴趣和活动开辟了这方面的许多研究途径。"J. P. 吉尔福特也说:"没有哪一种现象或一门科学像创造问题那样,被如此长久地忽视,又如此突然地复苏。"

英国比较重视从设计方法入手探讨发明创造技巧。由1962年开始,每隔两三年就召开一次设计方法讨论会,发表大量有关创造学的专著及论文,讨论创造性设计的方法和理论,并在许多大学和中学开设设计课程。迪博诺还设计了一整套创造力训练课程,其中,称为CORT的思维技巧课在中小学中开展教学。在一些发展中国家(如委内瑞拉,政府设置了"智力开发部"),也使用该思维训练,进行创造力开发。

"brain korea 21",即"韩国头脑21计划",是韩国教育部近年来的重点计划。为迎接21世纪的知识与技术信息社会,韩国认为如何培育"具有创意之人才"是能否提高国家竞争力的关键,并于1999年9月成立Brain Korea 21(BK21)事业团,培养优秀人力;2001年在首尔召开的全国教育会议中提出"创造力"的重要性。韩国把每年的5月19日定为韩国的发明日。

20世纪80年代以来,创造学更是成为学术界的研究热点之一,各种关于创造学的著作和论文大量涌现,正在形成一股席卷全球的热潮,由发达国家扩展到发展中国家,成为现代科技革命的重要内容。

国际上创造和创新方面最主要的杂志有:Journal of Creative Behavior(创造性行为杂志)、Creativity Research Journal(创造力研究杂志)、Creativity and Innovation Management(创造和创新管理)等。

总之,国外对创造学的研究是以美国、日本、前苏联为主要流派,各有优势。如以美国为代表的欧美派在创造学理论与方法方面重视思维的自由活动,把创造性思维、发明看成是联想、直觉、灵感等的结果,以美国奥斯本的智力激励法和戈登的类比启发法为典型。日本在创造学理论和方法方面倾向于思维的可操作性,寄创造发明于材料的收集与处理,以卡片排列法、KJ法和NM法为代表。前苏联在创造学理论与方法方面是以唯物论的认识与方法论为基础,把创造发明建立在客观发展规律基础上和有组织的思维活动上,不靠偶然所得(偶然性),而是按一定的程序得出其必然性。

1.2.2 国内创造学研究概况

在历史上,中国是世界著名的创造发明大国,四大发明对人类文明做出了重大贡献。

创造学作为一门现代学科,在我国的发展是从20世纪80年代开始的。1980年的《科学画报》等报纸杂志开始介绍创造、发明方法及创造学知识,引起强烈响应。1981年日本的创造学研究者首次应邀来华,与中国同行进行了学术交流,日本创造学家村上幸雄应邀赴会,同年9月,日本创造学会会长恩田彰·西胜在华东师范大学宣讲创造学;此后,上海交通大学正式发起了对创造学的研究。1983年6月全国第一届"创造学"学术讨论会在广西南宁举行,与会者开始酝酿成立全国性的创造学学术团体;之后,全国一些地市率先成立了地方创造学会,如1988年合肥市创造学会成立;1993年在上海召开了中国创造学会筹备会议;1994年6月9日中国创造学会在上海正式成立。

进入21世纪以后,关于创造性思维、创造技术与方法、创新管理、创新营销、创造教育等方面的普及性、实用性著作显著增加,反映了创新思维的空前活跃。

为深化教育改革、全面推动素质教育,教育部将创造教育、素质教育列入《教育部2001年工作重点》。为落实创造教育,教育部每年均召开全国创造教育研讨会。举办全国性的"青少年创造能力培养社会调查"等活动,以了解创造教育实施成效。有了政策上的积极引导和各级政府的大力支持,创造发明、创新科技、创新教育等在神州大地如雨后春笋般迅速铺开,且在运作实践上已结出果实。

自1994年中国创造学会正式成立后,学会每两年举办一次全国性的学术讨论会,该学会编辑出版了《智慧之星》论文集多集,学会会刊《创造天地》创刊以来,备受广大创造研究者的欢迎,全国各大都市先后成立了创造学会,致力于开展创造学理论与实践的研究、宣传、应用及人才培训,组织编写资料、成果推广、咨询服务,这样就提供了创造学研究和应用方面更多的沟通渠道。

2006年8月在北京召开了"创造创新与可持续发展国际学术研讨会",大会以科学发展观、建立和谐社会为指导,以自主创新、建设创新型国家为中心,重点讨论创造创新与可持续发展的有关理论和政策问题,会议按创造创新与可持续发展和企业创新、创造创新理论和方法、创造创新教育三个专题进行了交流,为创造学在中国建设和谐社会中的作用指明了方向。

此外,创造教育也得到了发展,中国创造学会于1999年11月28～30日在上海召开了"全国中学创造教育研讨会",同年12月15～18日在北京航空航天大学召开了"全国高校创造教育及创造学研讨会",创造学在自身发展的同时,也正在推动着经济、科技、教育事业的同步发展。

上海交通大学是国内最先开设"创造学"课程的高校,当时主要是以选修课或第二课堂的形式出现。我国高校中创造教育开展得较早,且有一定影响力的高校还有:中国矿业大学、长沙铁道学院、湖南轻工业高等专科学校、北京航空航天大学、东南大学等。1988年中国矿业大学在全校的各专业都增设了"创造学"课程,并在1995年以超前的意识创建招收了本科层次的创造学专业方向——工业自动化创造工程试点班,办学效果明显,该专业每个学生在毕业时均至少拥有了一项专利技术。中国矿业大学把"普通创造学"作为各个本科专业的共同基础必修课,并创办了创造学本科直至硕士、博士专业,对创造学的研究与普及做出了重要贡献。后来"创造学"课程在其他高校也陆续得到了发展。这种趋势近年来发展很迅速,许多高校都先后开设了创造学、创业管理、创新思维、创新技法等方面的专业课或公共选修课,有的还成立专业研究所,组建了创新实验室。特别是进入21世纪后,全国大学生机械创新设计大赛、"挑战杯"中国大学生创业计划竞赛、大学生电子设计专题竞赛、全国慧鱼工程技术创新设计大赛等全国性的赛事有力地促进了创造学、创新事业的快速发展。

企业科技创新成果也非常显著。1985年中国机械冶金工会首先做出推广运用创造学的决议,以后在上海、大连正式开办创造学培训班。1980～1985年期间,铁道部株洲车辆厂、上海第三钢铁厂、北京技术交流站、北京燕山石化总公司等单位举办了创造学培训班,培养了大批技术骨干,开发了企业职工的创造力。1987~1990年间,先后在14个省24个大中城市开办创造学培训班50多个,创造学讲座70多次,培养骨干5000多人,并于1988年成立全国机械工业系统创造学研究推广协会。自中国创造学会筹委会成立以来,涌现了一批在推广和应用创造学、推进创造教育方面取得突出成果的先进单位,如东风汽车公司、第一汽车集团公司、上海第二钢铁厂、正泰橡胶厂、株洲车辆厂等。全国总工会职工技术协会组织编写了《创造学基本知识》教材,拍摄创造学电视录像,并于1994年颁发《关于继续加强推广普及创造学的通知》,进一步动员其400万会员,深入开展普及创造学的活动。

这些成功的经验和事实证明我国创造学的研究、推广和普及虽然比西方国家晚了几十年,但其发展是迅速的,成果是喜人的。

第2章 Chapter 2

创造力的可开发性

2.1 人的创造力

创造力是指根据一定目的,运用一切已知的信息,产生出某种新颖、独特、具有社会或个人价值的产品的能力;是人们所特有的、在实践和认识活动中能产生各种新颖性和独创性成果的能力;是成功地完成某种创造性活动所必需的心理品质;是正常人在科学发现、技术发明、文艺创作等创造性活动中形成和表现出来的各种积极的个性心理特征的总和(即创造主体在创造活动中表现出来并发展起来的各种能力的总和)。

创造力人人都有,但每个人所具有的创造力的程度是不同的。创造力的基本特性是:

(1) 人人皆有之;
(2) 创造力潜能无穷;
(3) 创造力是可以开发的。

创造力与人的一般能力的区别在于它的新颖性和独创性,即无定向、无约束地由已知探索未知的能力。按照美国心理学家吉尔福德的看法,发散思维当表现为外部行为时,就代表了个人的创造能力,其行为表现有以下特征:

(1) 变通性 思维能随机应变,举一反三,不易受功能固定等心理定式的干扰,因此能产生超常的构想,提出新观念。
(2) 流畅性 反应既快又多,能够在较短的时间内表达出较多的观点和概念。
(3) 独特性 对事物具有不寻常的独特见解。

创造力与人的一般能力也是有联系的,研究表明,智力是创造能力发展的基本条件,智力水平过低者,不可能有很高的创造力。另外,创造力与人格特征也有密切关系,综合多人研究的结果表明,高创造力者具有如下一些人格特征:兴趣广泛,语言流畅,具有幽默感,反应敏捷,思辨严密,善于记忆,工作效率高,从众行为少,好独立行事,自信心强,喜欢研究抽象问题,生活范围较大,社交能力强,抱负水平高,态度直率、坦白,感情开放,不拘小节,给人以浪漫印象。

2.1.1 创造力分类

创造力可按如下方式进行分类。

1. 二类法

美国学者马兹罗根据创造者的情况和创造力的作用,把创造力分为以下两类:

(1) 特殊才能的创造力 体现科学家、发明家、艺术家、文学家等杰出人物特殊才能的创造力,其创造成果对于人类社会来说是前所未有的。

(2) 自我实现的创造力 普通人在创造活动中体现自身价值的创造力,其创造成果对于创造者自己而言是前所未有的。

2. 三层次分类法

中国学者一般是根据创造成果的价值和意义,把创造力分为三个层次:

(1) 低层次创造力 仅对创造者本人的个体发展有意义,一般不体现社会价值的创造力。

(2) 中层次创造力 具有一般社会价值的革新或创造所体现的创造力。

(3) 高层次创造力 对人类和社会产生巨大影响、具有很大社会价值的创造发明所体现的创造力。

3. 五层次分类法

美国心理学家泰勒根据创造成果的新颖程度和价值大小,把创造力分为五个层次:

(1) 表达式创造力 少年儿童在日常生活中表现出来的创造力。

(2) 生产式创造力 生产过程中表现出来的一般创造力。

(3) 发明式创造力 通过发明成果表现出来的创造力。如设计新产品、发明新工具等。

(4) 革新式创造力 对旧事物进行较大的变革和创新所表现的创造力。如改革工艺流程、完成技术改造等。

(5) 高深创造力 在科学、技术、生产、文化、艺术等领域获得重大创造发明成果,产生深远影响的创造力。

2.1.2 创造力模型

根据美国心理学家史登堡(Sternberg)的理论,人的创造力与智力、知识、思维模式、个性、动机、环境等多种因素有关,可将创造力表达为

$$C = f(I, K, TS, P, M, E) \tag{2-1}$$

式中,C 为创造力;I 为智力;K 为知识;TS 为思维模式;P 为个性;M 为动机;E 为环境。

智力:研究表明,在个体智商(IQ)达到一定水平后,智力对创造力的影响就很小了。因此,当个体具备设计人员的基本能力时,智力和创造力之间就没有决定性的关系了。

知识:知识对创造力的影响是正向的,但也有可能是负向的,关键取决于思维模式。随着年龄的增大,人的知识也在不断增加,但人到一定年龄之后,创新能力却在下降。

思维模式:提高创造力的一个先决条件是不要将固定的思维模式强加给眼前的事实,而是要学会如何另辟蹊径,即使这样做可能意味着将推翻习以为常的思维方式。思维模式是影响创造力的重要因素。

个性:是指人员个体创新的胆量和勇气。产品创新设计,往往是一个团队在工作,可以弥补个体之间个性的差异,根据冒险转移理论,群体思维更倾向于冒险。

动机:是指人员个体的创新愿望,这是创新人员应具有的最基本素质。

环境:这里是指社会环境是否鼓励创新等,目前,我国的大环境是鼓励和提倡创新的,

但不同区域和不同的企业有较大的差别。

知识和思维模式,不同的设计人员差别较大。因此,对产品创新设计而言,影响设计人员创造力的主要因素是设计人员所具有的知识和思维模式。另外,史登堡的理论对信息的作用重视不够,信息是一个非常重要的因素,它对灵感的激发,对想象力的扩展非常有用。

另一个影响创造力的重要因素是计算机和互联网的作用以及计算机支持工具的引入。这样综合起来,产品创新设计的创造力模型也可表示为

$$C = f(K, I, TS, ST, U) \tag{2-2}$$

式中,C 为产品创新设计的创造力;K 为知识;I 为信息;TS 为思维模式;ST 为计算机支持工具;U 为在短期内不可控制或改变的因素。

以上五个元素为创造力的关键属性。

由于 U 是在短期内不可控制或改变的因素,如环境和文化,在此暂不作重点考虑。

而支持工具 ST 又可表示为

$$ST = f(KB, IR, CAT) \tag{2-3}$$

式中,KB 为知识库;IR 为信息源;CAT 为计算机辅助思维。

创造力综合图如图 2.1 所示。

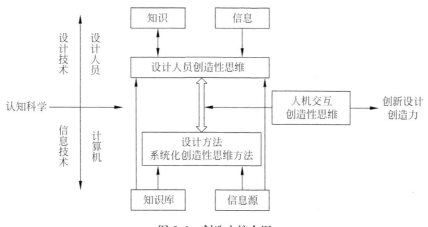

图 2.1　创造力综合图

2.1.3　影响创造能力的因素

1. 认知能力——基础

我们把观察能力、思维能力、工作记忆等统称为认知能力,它是创造能力的基础。

人在解决问题时,需要一系列能力的相互作用与结合。首先,要求个体对问题的认知,这需要观察力;其次,要求个体把与解决问题相关的信息暂时保存在头脑中,这需要工作记忆;最后,还要求个体对信息进行分析与综合的加工,这就需要复合思维能力。

2. 创造性个性——动力

创造性个性,包括独立性、冒险敢为、自信心、表达欲等多种成分。创造性解决问题,就

是要求用新颖独特的方法去解决问题,对个体具有挑战性,要求具有冒险精神的人来承担;从事创造性活动,意味着不依常规解决问题,在某种程度上独立性强的人才能胜任,自信心强的人才能完成。总之,只有具备创造性个性的人才能完成创造性活动的任务,可见,创造性个性在创造性解决问题中,具有动力的作用。

3. 发散思维能力——核心

与复合思维不同,发散思维的方向是分散的,是一种产生多种答案的思维能力。人在解决问题的过程中,经常是想出多种解决问题的方法,然后从中选出一个最佳的,使问题得到解决。特别是不依常规的创造性解决问题,更是如此。我们可以设想,古时候司马光见到小伙伴落入水中,开始时也可能想到通常的救人方法,比如用手把小伙伴捞出来,但因个子小、力气也不够,此法不行;或叫大人来救,时间来不及,这种方法也行不通;后来,才想出"破缸"这种新颖独特的方法。可见,发散思维能力在创造性解决问题中,起着核心的作用。

因此,创造力的重要方面包括解决问题所需要的认知能力,以及起动力作用的创造性个性和起核心作用的发散思维能力。

2.2 开发人的创造力

人的创造力,通常由观察力、记忆力、想象力、思考力、表达力和自控力等多种创造因子构成。创造力是创造因子变量的函数,任意一个创造因子的提高,都将涉及创造力的改善。而设计人员创造力的高低和发挥,不仅直接影响到其所设计产品的质量,而且关系到企业的经济效益。因此,大力开发设计人员的创造力,具有十分重要的现实意义。在这个问题上,要注意以下几点。

1. 要克服认识上的误区,增强自信心

发明创造,长期以来被看作是很神秘的东西,认为只有天才才能做到,这种现象在已经受过大学教育的设计人员中也不少见,这是当前阻碍人们创新的一个重要原因。事实上,创造并不神秘,也非高深莫测,人人都有创造或创新的能力。因为人脑总是用于思维、用于处理和解决问题的,当旧的方式不能满意的解决问题时,就必然要去探索新的方式,即设法去创新。所以说,创造力是每一个正常人都具有的,要设法克服认识上的误区,努力开发人的创造力。

例 2-1 69 岁老太发明万年历简易转盘

2008 年 9 月 18 日沈阳晚报消息,沈阳市铁西区在全国科普日竞赛现场,69 岁的蒋大娘展示了她发明的"万年历简易转盘",受到了专家的认可。

2008 年初,蒋大娘在看历书时无意发现一个圆形的对比表格,突发奇想,老人认为应该把万年历做成钟表的样式,再分成左右两大区域,由上面

图 2.2 老太发明万年历简易转盘

两层纸壳叠加,每一侧挖出空格,对准一侧日期,另一侧便能准确地显示公历或农历的日期。

科普知识竞赛现场上,老人轻松地演示了2008年8月18日的农历查法,蒋大娘说,研制这个"万年历简易转盘"家人都支持,复印、做纸板,一遍一遍地矫正,直到成功为止。

开发人的创造力,同时要保持强烈的求知欲。而人的欲求感总是在需要的基础上产生的,没有精神上的需要,就没有求知欲。因此要有意识地为自己出难题,激发自己的求知欲。大学生的求知欲最强,然而,若不加以有意识的发展智力,追求到科学上去,就会自然萎缩。求知欲会促使人去探索科学,去进行创造性思维,而只有在探索过程中,才会不断地激起好奇心和求知欲,使之不枯不竭。一个人只有当他对学习的心理状态,总处于"跃跃欲试"阶段的时候,他才能使自己的学习过程变成一个积极主动"上下求索"的过程。这样的学习,就不仅能获得现有的知识和技能,而且还能进一步探索未知的新境界,发现未掌握的新知识,甚至创造前所未有的新见解、新事物。

2. 树立创造意识,经常保持创造冲动

阻碍着创造性设计的另一个原因是,不少设计人员把设计看作是"例行公事",仅仅满足于传统的计算、绘图,缺乏创新设计的意识和积极进取的精神。由此可见,创造性思维能力并不是简单的与知识储量成正比,还需要有强烈的参与创造意识,才能导致创新行为,造就创新成果。

在实际行动中,也要经常提醒自己:"我现在正从事创新性设计工作",只有这样,设计人员在审查图纸、制作模型时才不会受到已有成规的束缚,才能激发起自己的创造热情,并经常保持创造的冲动,这是设计人员不断取得新成果的心理动力。

3. 要加强创造性思维技法的学习与训练

创造性必须建立在丰富的经验和知识的基础上,这就需要学习、探索和实践。没有前人的经验和知识就不能从事今天的设计,更谈不上创新。爱迪生说:"天才,就是百分之一的灵感加上百分之九十九的汗水"。有些设计人员虽然知识和经验都很丰富,设计工作也很勤奋,但却不能创造出新成果,究其原因之一可能是方法不当,因此,为了提高创造性设计的效果,就需要掌握一定的创造性思维的技法。

创造性活动一般分为准备期、酝酿期、豁朗期和验证期四个阶段。在第一和第四阶段左脑处于积极活动状态并起着主导作用,因为在这个阶段人们更多的是发挥左脑的语言和逻辑思维功能,运用各种逻辑方法(外推、类比、比较、归纳、演绎、分析、综合)去分析资料寻找问题症结,确定研究工作的出发点并检验假设、形成概念,最后将研究结果系统化,建立起逻辑严密的科学知识体系。在第二阶段和第三阶段,右脑起主导作用,这两个阶段是新思想、新观念产生期,因而也是创造性思维过程中最关键的时期。由于新思想的产生没有固定的逻辑通道,为此就需要充分发挥右脑的想象、直觉和灵感等非逻辑性思维功能。

人脑左右两半球在功能上是高度分化的。左半球主要是处理语言,进行抽象逻辑思维、集中思维、分析思维的中枢;它主管着人们的说话、阅读、书写、计算、排列、分类、言语回忆和时间感觉,具有连续性、有序性、分析性等功能;其操作是串行的、及时的信息处理，是收敛性的因果式的思考方式，循序渐进，合乎逻辑。而右半球则主要是处理表象，进行具体形象思维、求异思维、直觉思维的中枢；它主管着人们的视知觉、复杂知觉、模型再认、形象记忆、认识空间关系、识别几何图形、做梦、理解隐喻、发现隐蔽关系、模仿、音乐、节奏、舞蹈以及态度、情感等，具有非连续性、弥漫性、整体性等功能；其操作是并行的、空间的信息处理，是发散性的非因果式的思考方式。学者认为，左右两半球处于"共生"的整体之中，在正常状态下，它们紧密结合如同是一个单位进行工作，而不是一个开动着，另一个闲置着。

大量的研究也表明，人脑的两半球在功能上不仅有分工，而且还有一定的互补能力，它们在一些具体功能上虽然存在主次之分，但都是相对而言的，它们既各司其职，又相互密切配合。例如言语功能，在词意和连续性方面依赖于左脑，但其声调还需要由右脑来控制。因此，左右脑就好比是个不同类型的信息加工、控制系统，两半球间存在着密切的相辅相成、协调统一的工作关系。正是由于有胼胝体沟通左右两半球的这一联结功能，才会有大脑两半球的协同合作，才会形成既具有抽象的性质，又具有形象的特征的"顿悟"或"灵感"，才能保证人类创造得以成功。创造活动离不开左右脑两半球的沟通，它是大脑左右两半球的整体功能，是整个大脑的整合作用。

既然我们每个人都有创造性的潜能，那么在生活中或产品设计时如何充分发挥创造性潜能呢？可从以下几个方面来开发。

1. 考虑问题时努力突破定式心理，强化创造意识

定式是由先前的活动而造成的一种对活动的特殊的心理准备状态，有这样一道脑筋急转弯题：有一个人从十八楼的窗台上跳了下去，却没有摔死，这是为什么？由于定式心理人们习惯把从窗台上跳下来理解为从窗台往外跳，这样问题当然没法解决，如果我们把这一跳理解为向内跳，那问题就迎刃而解了，因此定式的刻板性严重限制了人们解决问题的灵活性。

人们创造行动固然可贵，但创造的观念更为重要。要清除思想障碍，必须要首先力行"五破"，即：

（1）破创造的神秘感；

（2）破自我评价上的自卑感；

（3）破习惯性思维的局限性；

（4）破忽视群体创意的片面性；

（5）破重硬轻软、重大轻小、重短（期）轻长（期）的倾向性。

2. 锻炼和丰富自己的想象，敢于标新立异，勇于创新

想象力是人的最宝贵的财富之一，是创造的源泉。每个人都有想象力，只要平时注意锻炼，想象力是可以提高的，不妨尝试以下几个方面的锻炼。

（1）如果有条件的话经常动手制作一些东西。

（2）与孩子们一起做游戏搭积木，这可以恢复你的童心，唤起你无拘无束的想象力。

（3）不要耻于幻想，因为幻想是科学和社会发展的动力，当你有了某种新奇的想法以后，应随时记下来，或许以后随着经验的积累，你将有可能实现它。

(4) 充分利用对比联想、类似联想等。

除基本技能外,专业知识也是创造的重要基础。虽然掌握一个专业领域的知识并不一定会导致创造,但这种知识却是在该专业领域进行创造的必要条件。在某个领域做出创造性工作的人,多数都是该领域具有渊博知识的人。一个人如果不了解某个学科的知识,是不可能期望对该学科做出具有深远影响的创造的。但是需要注意的是,专业知识在创造过程中则具有两面性:一方面,个体要把一个专业领域推向前进就需要对这个领域有充分的了解;另一方面,对一个领域的了解也可能导致封闭和墨守成规。

3. 拓展创造力开发范畴

企业创造力开发范畴的宽窄,决定于企业对企业创造力开发全面性的认识程度,关系着企业创造力开发的深度和广度。企业生产经营管理的各个方面均应纳入企业创造力开发的范畴之中。具体说来,它主要应包括以下内容:

(1) 研究与开发;
(2) 产品创新;
(3) 技术创新;
(4) 制度、组织和管理的创新。

4. 避免功能固定心理,适当允许出错

在解决问题的过程中能否改变事物固有的功能适应新的需要,有时是问题能否顺利解决的关键所在,马克·吐温笔下的流浪汉苏比,则想到把报纸塞到单薄的衣衫下来抵御刺骨的寒风,不能不说这是一种创新。思维作为一种高级的心理过程,是对客观事物进行间接的、概括的反映。而这种反映是建立在感性经验的基础上,它需要以感性经验作为材料。在日常生活中,通过旅游、观看电影及各种展览直接参与各种实践活动,则是我们获得经验、扩大自身阅历的最基本也是最有效的途径。

在某种意义上说,要开发人们的创造力,首先要让他们相信自身的能力,相信自己有能力提出大量的观点。而任何提出大量观点的人,难免会出现错误,即使像爱因斯坦这样伟大的科学家,也会提出一些错误的观点。他们之所以伟大,并不是因为他们的观点永远正确,而是因为他们为其他思想的发展提供了一个基础,让别人从他们的思想中获得养分,并能够在此基础上有所超越。

5. 学习、练习、实践、做脑体操

(1) 学习 学习创新的基本知识,提高自我表象,强化创新动机。

天才、伟人、科学家、发明家、革新家等之所以获得成就和业绩,是因为他们都有独特的思维方式,与常人的差别仅仅在于一个是创造的思维,一个是复制性思维和常规性思维。创新的思维是完全可以学习得到的。开展思维的训练,学会在工作、学习和生活中运用创新的思维方式。

学习并掌握常用的个体创新技法和群体创新技法,采用什么样的思维和方法决定了你有什么样的结果。从某种意义上讲,社会的发展取决于方法的进步。个体与群体的创新技法是创新思维转化出来的工具,在什么情况下,面对什么样的问题,选用什么样的创新方法将会加速创新活动的速度和获取创新成果的频率。

(2) 练习 要成为一个具有创新能力的人,日常的训练是十分必要的。头脑通过不断地运作,就会更加灵活并富有弹性。

一是练习想象力,练习思维的扩散能力、联想能力和变通能力。练习创新的构想,要做到"量"中求"质",先是"量"后是"质",因为具有创新性的构想往往是从众多的构想中产生的。越是脑力激荡的后期,所产生的构想就越好,就越具有创新性。所以"量"的重要性是显而易见的,是创新活动的中心点,可以用来测量创新能力,测量产生许多不同构想的能力。你列举构想的多寡和多样性,往往是决定你创新能力高低的关键。如爱迪生为了发明电灯产生了 3000 多个与电灯有关的构想。每一个看起来似乎都很合理,但只有两个能证明他的结论,并制成专利品。

二是练培养着眼于未来的洞察力。为此,要练习给事物增值、练习给自己增值。练习观察力最好的办法把你认为熟悉的东西重新"陌生"起来,因而产生问题意识。总之,可练习的创新方面很广,但主要从创新思维和创新方法出发,追求练习的有效性和高效性。

(3) 实践 就是用创新的思维、创新的方法,通过创新活动创造性地解决各类问题。

用创新思维去观察事物就会发现大量的问题有待解决。如日本一家柴油机厂开展"一日一构想"活动,把企业的生存和发展寄托在员工的创新活动上,要求每个员工每年提出可采纳的构想 100 条,结果员工每年每人平均提出 300 条以上。企业靠员工的"一日一构想"活动,每年的经济效益都提高 20% 以上,企业不断兴旺和发达。

(4) 做脑体操 这里说的脑体操是指专门为智力和创造力训练编制的测验,许多题目都是古今中外人们智慧的结晶,这类小册子很容易找到,但一定要每天坚持锻炼,不要看答案。从易到难,循序渐进,只要坚持不懈,你的创造力一定会提高的。

2.3 创造力评估

创造力测量和评估的方法通常有以下三种。

1. 创造力调查

这是对创造者进行全面或某一方面的重点了解,再根据了解的情况,确定其创造力水平。可通过问卷调查、走访等方式进行,调查事项可包括家庭状况、本人情况(即性格特点、爱好、胆识等)、创造力表现等。

2. 创造力测验

这是常用的创造力测评方法,具有适用范围广、测量信息易于统计等特点。测评的内容有创造力测验(包括自我测试)和创造人格测验等。

3. 创造成果分析法

这是通过产品、作品(也包括设计新方案、创造性建议、技术革新等)进行价值分析(即技术价值、经济价值和社会价值等),来衡量创造者的创造力的方法。

创造力测试的主要方法有：

(1) 人格检测　人格是人的性格、气质、能力等心理特征的总和。

(2) 个体调查　采用问卷、采访等方式系统调查被试者的详细情况,掌握详尽的材料,经过分析研究,衡量或推测被试者的创造力水平。

(3) 创造力测验　采用书面试卷方式,由被测试者在规定时间内独立完成,再按照一定标准对答案评分,并根据得分情况来衡量创造力高低。它在形式上类似于心理学中的智力测验。近年来比较流行的创造力测验有以下两种：①吉尔福特的创造力测验；②托兰斯创造性思维测验(TTCT)。

附录　创造力自我测试题

美国普林斯顿创造才能研究公司总经理、心理学家尤金劳德塞,根据几年来对善于思考、富有创造力的人的个性和品质的研究,设计了下面这套测验题,你只要用10分钟左右的时间,就可大概了解自己的创造力如何。

测试时,你只要在每道题后面选择：A——同意、B——吃不准或不知道、C——不同意中的一个,来表示你的意见。

回答完毕,对照计分表给每题计分,然后正负相加,得出总分。

1. 无论什么事情,要让你发生兴趣,总比别人困难。（A　B　C）
2. 有时,你在小组里发表的意见,似乎使一些人感到厌烦。（A　B　C）
3. 你花费大量时间来考虑别人是怎样看待你的。（A　B　C）
4. 你不尊重那些做事似乎没有把握的人。（A　B　C）
5. 你需要的刺激和兴趣比别人多。（A　B　C）
6. 有时你对事情过于热心。（A　B　C）
7. 在解决问题时,你常常单凭直觉来判断"正确"或"错误"。（A　B　C）
8. 你有收集东西的癖好。（A　B　C）
9. 你喜欢客观而又有理性的人。（A　B　C）
10. 你能与自己的同事或同行们很好地相处。（A　B　C）
11. 你有较高的审美感。（A　B　C）
12. 在你的一生中,你一直在追求着名利和地位。（A　B　C）
13. 你乐意独自一人整天"深思熟虑"。（A　B　C）
14. 你不满意那些不确定和不可预言的事。（A　B　C）
15. 你喜欢一门心思苦干的人。（A　B　C）
16. 一个人的自尊比得到他人的敬慕更为重要。（A　B　C）
17. 你觉得那些力求完美的人是不明智的。（A　B　C）
18. 在生活中,你经常碰到不能用"正确"或"错误"来加以判断的问题。（A　B　C）
19. 许多人之所以感到苦恼,是因为他们把事情看得太认真了。（A　B　C）
20. 你经常为自己在无意之中说话伤人而闷闷不乐。（A　B　C）
21. 你不喜欢提出那种显得无知的问题。（A　B　C）
22. 一旦任务在肩,即使受到挫折,你也要坚决完成之。（A　B　C）

23. 你不做盲目的事。也就是说你总是有的放矢,用正确的步骤来解决每一个具体问题。(A　B　C)

24. 你认为,只提出问题而不想获得答案,无疑是浪费时间。(A　B　C)

25. 你认为,合乎逻辑的、循序渐进的方法是解决问题的最好方法。(A　B　C)

26. 做自认为是正确的事情,比力求博得别人的赞同重要得多。(A　B　C)

27. 你知道如何在考验面前保持自己的内心镇静。(A　B　C)

28. 你能坚持很长一段时间解决问题。(A　B　C)

29. 在特别无事可做时,你常常想出好主意。(A　B　C)

30. 有时你打破常规去做你原来并未想到要做的事。(A　B　C)

31. 幻想促进了你许多重要计划的提出。(A　B　C)

32. 如果要你在本职工作之外的两种职业中选择一种,你宁愿当一个实际工作者,而不当探索者。(A　B　C)

33. 你喜欢坚信自己结论的人。(A　B　C)

34. 灵感与获得成功无关。(A　B　C)

35. 争论时,使你感到最高兴的是,原来与你观点不一致的人变成了你的朋友,即使牺牲你原先的观点也在所不惜。(A　B　C)

36. 你更大的兴趣在于提出新的建议,而不在于设法说服别人接受这些建议。(A　B　C)

37. 你往往避免做那种使你感到低下的工作。(A　B　C)

38. 在评价资料时,你觉得资料的来源比其内容更为重要。(A　B　C)

39. 你宁愿和大家一起努力工作,而不愿单独工作。(A　B　C)

40. 你喜欢那种对别人产生影响的工作。(A　B　C)

41. 对你来说"各得其所"、"各在其位",是很重要的。(A　B　C)

42. 那些使用古怪和不常用语词的作家,纯粹是为了炫耀自己。(A　B　C)

43. 即使遭到不幸、挫折和反对,你仍然能够对你的工作保持原来的精神状态和热情。

44. 想入非非的人是不切实际的。(A　B　C)

45. 你对"我不知道的事"比"我知道的事"印象更深刻。(A　B　C)

46. 你对"这可能是什么"比"这是什么"更感兴趣。(A　B　C)

47. 纵使没有报答,你也乐意为新颖的想法花费大量的时间。(A　B　C)

48. 你认为,"出主意没有什么了不起"的说法是中肯的。(A　B　C)

49. 在解决问题时,你分析问题较快,而综合所收集的资料较慢。(A　B　C)

50. 从下面描述人物性格的形容词中,挑选出10个你认为最能说明你性格的词:

精神饱满的,有说服力的,实事求是的,虚心的,观察力敏锐的,谨慎的,来手束脚的,足智多谋的,自高自大的,有主见的,有献身精神的,有独创性的,性急的,高效的,乐意助人的,坚强的,老练的,有克制力的,热情的、时髦的,自信的,不屈不挠的,有远见的,机灵的,好奇的,有组织力的,铁石心肠的,思路清晰的,脾气温顺的,可预言的,拘泥形式的,不拘礼节的,有理的,有朝气的,严于律己的,精干的,讲实惠的,感觉灵敏的,无畏的,严格的,一丝不苟的,谦逊的,爱乐的,漫不经心的,柔顺的,创新的,泰然自若的,渴求知识的,实干的,好交际的,善良的,孤独的,不满足的,易动感情的。

第2章 创造力的可开发性

各道题测试评分规则如下：

题号	A	B	C	题号	A	B	C	题号	A	B	C
1	4	1	0	18	2	1	0	35	−1	0	2
2	2	1	0	19	2	1	0	36	2	1	0
3	−1	0	3	20	−1	0	2	37	0	1	2
4	0	1	2	21	0	1	3	38	−2	0	3
5	3	0	−1	22	3	1	0	39	0	1	2
6	3	0	−1	23	0	1	2	40	1	2	3
7	4	0	−2	24	0	1	2	41	0	1	2
8	0	1	2	25	−2	0	3	42	−1	0	2
9	0	1	2	26	3	0	−1	43	3	1	0
10	0	1	2	27	1	0	3	44	−1	0	2
11	3	0	−1	28	4	1	0	45	2	1	0
12	0	1	2	29	2	1	0	46	2	1	0
13	2	0	−1	30	2	1	0	47	3	2	0
14	0	1	2	31	3	0	−1	48	0	1	2
15	0	1	2	32	0	1	2	49	−1	0	2
16	3	0	−1	33	−1	0	2	50	得分见下面说明		
17	−1	0	2	34	0	1	2				

注：第50题得分如下：

选下列每个形容词得2分：

精神饱满的，观察力敏锐的，足智多谋的，有主见的，有献身精神的，有独创性的，感觉灵敏的，无畏的，柔顺的，创新的，不屈不挠的，好奇的，有朝气的，热情的、严于律己的。

选下列每个形容词得1分：

自信的，有远见的，不拘礼节的，不满足的，一丝不苟的，虚心的，机灵的，坚强的。

其余各词得0分。

你的总分：_____

110~140分：创造力非凡。

85~109分：创造力很强。

56~84分：创造力强。

30~55分：创造力一般。

15~29分：创造力弱。

−21~14分：无创造力。

第3章 创造性思维开发

创造性思维不是一般的单一思维形式,而是以创造者为了满足社会客观需要的内在动力与创新活动的外在动力相结合,在正确的科学理论与设计方法的指导下,在创造活动中表现出来的具有独创的、善于捕捉瞬间灵感和想象、产生新成果的高级复杂的思维活动。

3.1 认识创造性思维

创造性思维是指具有新颖的、广义模式的、一种可以物化的思维活动,即富有创新的思维过程。狭义的创造性思维,是指人类认识史上第一次产生的、具有较高社会意义和社会价值的思维活动。这种思维活动存在于重大技术发明、新理论的创建、新观念的形成等探索未知领域的认识过程中,仅为少数天才、能人所具有。广义的创造性思维,是指对具体思维主体来说是新颖独特的思维活动。这是每个正常的人都具有的。狭义的创造性思维建立在广义的创造性思维基础之上,并包容于广义的创造性思维之中,一般讲开发思维的创造力,都是讲广义创造性思维能力的开发。

由于人们对于自身的创造性思维了解的程度不同,研究有深有浅,因而对于创造性思维特点的看法也不尽相同。据不完全统计,迄今为止不同的研究者在其论著中所表述的创造性思维的"特点"已多达180多个。在此,现就其主要的特征说明如下。

1. 独特性

创造性思维无论在空间、时间及方案上,往往都突破了传统的束缚,从而提出与众不同的想法,表现为选题、方案等方面的标新立异。如伽利略推翻了传统的"物体落下的速度和质量成正比"学说,创立了自由落体学说。创造性的结果往往会引出新原理、新模式、新方法。创造性思维贵在创新,它或在思路的选择上,或在思考的技巧上,或在思维的结论上,彰显其"前无古人"的独到之处,有着一定范围内的首创性、开拓性。

2. 灵活性

创造性思维的方式、方法、程序、途径等都没有固定的框架,进行创造性思维活动的人在考虑问题时可以迅速地从一个思路转向另一个思路,从一种意境进入另一种意境,多方位地试探解决问题的办法,这样,创造性思维活动就表现出不同的结果或不同的方法、技巧。这其中多向思维较为活跃,它可以是从一点向多个方面扩散,如易拉罐可以作玩具,也可作天线、烟灰缸、烟囱等；也可以从不同角度对某个问题找出尽量多的思路、解法，如解决"过河"问题可以通过桥梁、船舶、溜索、隧道、截流、改道等多种方式进行。

3．推理性

创造性并非是凭空想象，它是建立在丰富的认识和实践基础上的。设计者对于瞬间的想法和灵感，善于由此及彼，合理的进行逻辑推理。推理可以从纵向、横向、反向等多方面进行，如俄国车工邱吉柯夫，从工件与刀具的切削时产生黏结，作纵向推理，发明了摩擦焊接法；人们从面包的多孔松软的例子中，作横向推理的特征转移，发明了塑料海绵；法拉第从人们公认的电流产生磁场，作反向推理，提出了电磁感应定律。

4．综合性

综合也能创造。善于把现有的各种信息、现象、概念等加以综合概括，形成新的技术方案或设计思路，也能创造出新事物。如机器人就是传统机械与电子技术、液压、计算机和信息技术等多学科的综合体。创造性思维的综合性体现了对已有信息、知识的杂交和升华，不是简单的相加、拼凑。综合后的整体大于原来部分之和，性能更优；综合可以变不利因素为有利因素，变平凡为神奇；是从个别到一般，由局部到整体，由静态到动态的事物转化过程。美国阿波罗登月计划总指挥韦伯说过："当今世界，没有什么东西不是通过综合而创造的。"

5．连贯性

如果没有思维的连贯性，没有良好的思维态势，就不会有灵敏的反应。因此只有勤于思考才能善于思维，才能及时捕捉住具有突破性思维的灵感。一个勤于思考的人，就易于进入创造性思维的状态，就易激活潜意识，从而产生灵感。创造者在平时就要善于从小事做起，进行思维训练，不断提出新的构想，使思维具有连贯性，保持活跃的态势。托马斯·爱迪生一生拥有 1039 项专利，他就是给自己和助手确立了创新的定额，每 10 天有一项小发明，每半年有一项大发明。

6．流畅性

这是完成创造性思维的最后一环，流畅是指将新成果准确、流畅地表达成新概念、新设计、新模型的能力。没有这一点，再好的思维也不能变成新的成果。

7．风险性

由于创造性思维是一种探索未知的活动，因此要受到多种因素的限制和影响，如事物发展及其本质暴露的程度、实践的条件与环境、认识的水平与能力等。这就决定了创造性思维并不能每次都能取得成功，甚至有可能毫无成效或者做出错误的结论。

创造性思维活动的风险性还表现在它对传统势力、偏见等的冲击上，传统势力、现有权威都会竭力维护自己的存在，对创造性思维活动的成果抱有某种抵抗的心理。

目前对创造、创新的理解上存在一些误区，比如认为创造、创新具有偶然性。实际上，每一次的创新看似偶然而决非偶然，偶然是必然的结果。

并非所有的创造性思维都具有上述全部特征，而是各有侧重，因人因事而异。

创造性思维的构成要素如图 3.1 所示。

影响创造性思维的主要因素有以下几个。

1. 智力与创造性思维

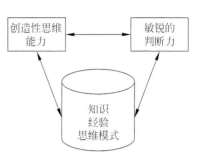

图 3.1　创造性思维的构成图

高智力是高创造性的有利条件,但它们之间不一定就存在对应关系。但总体而言,智力水平与创造性思维的水平之间具有正相关的趋势。低智商不可能有高创造性;高智商可能有高创造性,但也可能有低创造性;低创造性者可能具有较低的智商,但也可能有较高的智商;高创造性必须有中等以上水平的智商。创造性和智力具有一定相关,但它们是两种不同的品质,高智商并不必然带来高创造性,反之亦然。马斯洛提出,人的创造性可以分为特别才能的创造性和自我实现的创造性,前者是与科学发现和发明联系在一起的,是有个体差异的;而后者则是每个人都具有的潜能。教育应该认识和珍惜每个学生的创造潜能,积极地加以开发和利用。

2. 知识与创造性思维

知识经验量的多少并不足以决定创造性思维的水平,理解的深度以及知识经验的组织方式对创造性具有重要影响。只有对知识形成了深层的理解,而不只是表面的理解;只有在知识、经验之间建立了丰富的联系,形成了良好的知识结构,学习者获得的知识才是灵活的,才可以广泛地迁移应用。

要想在教学中培养学生的创造性,知识学习的深度和灵活性以及良好知识结构的建立是一个重要环节。

3. 个性因素的影响

首先,强烈的好奇心,浓厚的兴趣是创造性思维的驱动力;其次,较高的独立性和批判性对创造性思维来说也具有重要意义。另外,积极的心理承受力,不怕错误和失败,善于在挫折面前进行自我调整,以及有决心、敢于前进、好表现等,这些也是有利于创造性发挥的个性特征。

3.2　创造性思维开发训练

创造性思维是在一般思维的基础上发展起来的,它是后天培养与训练的结果。卓别林为此说过一句耐人寻味的话:"和拉提琴或弹钢琴相似,思考也是需要每天练习的。"因此,我们可以运用心理上的"自我调解",有意识地从以下几方面培养人们的创造性思维。

3.2.1　灵感思维

灵感思维具有突发性、随机性、亢奋性等不可控的特性,是在逻辑思维遇到困难时发生的一种独立的思维模式。我们可以通过对其产生条件的研究,通过适当的训练,提高人们的灵感产生率。

1. 灵感思维的诱发

心理学家认为,人脑有四个功能部位:一是从外部世界接受感觉的感受区;二是将这些感觉收集整理起来的储存区;三是评价收到的新信息的判断区;四是按新的方式将旧信息结合起来的想象区。只善于运用储存区和判断区的功能,而不善于运用想象区功能的人就不善于创新。据心理学家研究,一般人只用了想象区的15%,其余的还处于"冬眠"状态。开垦这块处女地就要从培养幻想、灵感等入手。想象力是人类运用储存在大脑中的信息进行综合分析、推断和设想的思维能力。在思维过程中,如果没有想象的参与,思考就发生困难。特别是创造想象,它是由思维来调节的。

爱因斯坦说过:"想象力比知识更重要,因为知识是有限的,而想象力概括着世界的一切,推动着进步,并且是知识进化的源泉"。大学生爱幻想,要珍惜自己的这一宝贵财富。幻想是构成创造性想象的准备阶段,今天还在你幻想中的东西,明天就可能出现在你创造性的构思中。

灵感产生的条件,有时需要一定的外部条件和信息的激发。灵感的产生是瞬间的,因而你必须要及时记录,否则稍纵即逝。因而在外出活动、度假、休闲时一定要注意随身携带笔和纸,以便随时记下灵感的火花。

2. 运用举例

灵感思维虽无法预测,但亦是有章可循的,并非所谓的"神启"或"天赐",只要掌握其规律,就可以"无意间而得之"。许多像爱迪生一样的科学家、文学家等"大人物"都有随时记下自己每一个突如其来的想法和念头的习惯,也不管这些想法是多么微不足道,甚至是荒唐滑稽,但它们却是"智慧银行"。

例 3-1 "蓝色多瑙河"的创作

灵感的产生需要一定的外部因素,如景色、天气、适宜的环境等,这些因素可以带给人们愉悦的心情,而愉悦宽松的心情往往是灵感发生的重要条件。

著名的音乐家施特劳斯,有一次站在海边,望着碧波拍岸、浪花"盛开"的优美环境,不禁感情洋溢,不知不觉中同乐曲联系起来,突然来了灵感,产生了妙不可言的音乐旋律。他赶忙取出笔,但却没带纸,于是他便毫不犹豫地脱下衬衣,在衣袖上及时记下这个旋律,这就是后来闻名于世的不朽之作"蓝色多瑙河"的旋律基础。

例 3-2 行星轧压法的发明

灵感的产生需要足够的知识储备和信息积累。只有多吸收知识、多留心观察生活中的细节和自然现象,才会有足够的知识储备和信息积累,才有助于自己灵感思维能力的提高。

在行星轧压法发明之前,采用的方法是将金属轧制成板材,是将金属原料送到两个轧辊之间,靠两个轧辊的转动和原料板的推进完成。该方法对于延展性能良好的钢材较适用,但较脆的金属材料在轧制中会出现裂纹。为了解决这一技术难题,日本某特种钢厂的一位技术人员绞尽了脑汁。一天,他无意中被他妻子在面板上擀荞麦面的姿势和方法所吸引,突然来了灵感,找到了轧制钢板的新方法,如图3.2所示。该设备上部是一固定盘——相当于面板,在原料板的下部分布着若干个工作轧辊——相当于擀面杖,将它们安装在传动轧辊上擀,行星轧压法就这样被发明出来了。

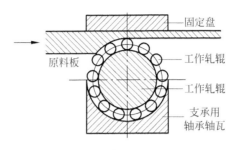

图 3.2 行星轧压法

3. 灵感思维训练

灵感思维能力因人而异,人们可以通过适当的测试检验自身的灵感思维能力,将你瞬间产生的感想或感觉记录下来。

(1) 你到动物园去,看到各种各样的飞禽走兽,你有何感悟?

(2) 看到川流不息的汽车长龙或霓虹闪烁的美丽夜景,你有何感想?

(3) 当你看到喷泉水珠如垂柳散落时,你有何感想?

(4) 野外春游,当你看到百花斗艳、林清木秀、彩蝶飞舞的景色时,你有什么感悟?

(5) 参观古建筑,欣赏昔日诗词,遥想古时事件,你有何感想?

4. 幻想思维的训练

对以下练习题,可进行大胆想象,不要顾及能否实现,也不要管你的答案是否完整,只要想到,就用文字记录下来。

(1) 由于雨量不均匀,世界上有些地方发生旱灾,有的地方却发生洪涝灾害,你有什么办法解决这个问题?

(2) 产品零部件需要加工,而机械加工中损失了相当多的金属材料,你能否想出新颖的零件制造方法?

(3) 海洋占地球表面积的70%以上,在人类居住越来越拥挤的情况下,你对开发海洋有什么新的想法?

(4) 你对开发新的能源(比如太阳能和地热等),有什么更新颖的想法?

(5) 先想想你家现在的居住条件和环境,你对于未来的住房在舒适度、节能方面有什么更完美的想法?

(6) 你可否想象自己能用较短时间读完从小学到大学的课程,或者用相同的时间就达到研究生水平,有没有更好的教育和学习方法呢?

(7) 假如让你来开发一个无人农场或牧场,你都有什么方法和手段呢?

(8) 在未来社会里,机器人的使用可能十分普遍,每个人都可以有一个以上的机器人助手,你想要什么样的机器人? 你和你的机器人各自都干什么?

(9) 除了现有的使用磁卡类的方法,你有哪些可以减少甚至取消货币实物流通的办法?

3.2.2 发散思维

发散思维是指思考者根据问题提供的基本信息,不依常规而沿着非传统的方向、角度和层次,从多方面寻求问题的多种可能答案的一种思维形式。如图 3.3 所示。对问题的思考向外散发,找出更多可利用的答案,而不是只找出一个正确的答案来,在所有适合的各种答案中充分表现出思维的创造性。

1. 特点

发散思维具有三个明显的特点:流畅性、灵活性和独特性。运用发散思维,反应敏捷,能在较短的时间内想出多种答案,且在思维过程中,不受心理定式的约束和影响,能打破常规,提出具有创造性的构想和理念等。

图 3.3 发散思维

(1) 流畅性　发散思维的流畅性指在一定时间内产生观念和构思的多少。一个人对某一问题产生反应性的概念和构想很多,说明其思维具有较高的流畅性。

(2) 灵活性　灵活性指能产生不同类别属性的观念。它是发散思维灵活性的量度,一个人产生不同类别属性的观念越多,说明其灵活性越高。

(3) 独特性　独特性是发散思维的新奇性的量度,思维越独出心裁、新奇绝妙,其独特性越高。

通过对其特征的认识,可以更深层次的理解发散思维。由于每个人的情况不同,其发散思维能力有高有低,思维偏重的特性(灵活性、独特性和流畅性)也有所差异,人们可根据自己的思维优势应用于创造性活动中。

2. 运用举例

发散思维是人们进行发明创造活动的主要思维方式,具体体现在依据最新科学原理,从多侧面、多角度、多领域、多场合地探索开发新技术、新发明等。它对新产品开发具有特别重要的意义。

例 3-3　超声波技术的"发散"应用

发散思维的灵活性,体现在产生不同类别属性的观念。一项技术应用在不同的领域,除了需要对技术特性的了解外,更重要的是灵活地运用发散思维,尽可能广的运用。

人们从超声波原理这一发散源出发,联想到利用该原理进行各种各样有关超声波的发明创造,如超声波切削、溶解、烧结、研磨、无损检测、锅炉超声除垢、超声洗衣机等。

进行发散思维的关键是寻找和选择"发散源",如上例中"超声波原理"就是发散源(也称辐射点),有关超声波原理的各种实际应用就是发散的思路。

例 3-4　垃圾治理方案

荷兰某城市垃圾泛滥,市政当局许多治理方案都不见效,这时有提议说在垃圾桶上设立退币机,有人将垃圾倒入桶内时,就可以得到 10 元奖金,这样有效地解决了垃圾治理的问题,可谓是独出心裁。

3. 发散思维训练

在训练时,要求对所发现的问题,通过发散性的想象活动,将自己头脑中已有的表象和概念进行反复重组、改造而产生越多越好的设想。对这些设想可以不急着去选择决定(因选择是逻辑思维或收敛思维的事情),只要尽力发散即可。

1) 材料性能选择的发散思维训练

(1) 传统的衣服都是用棉、毛、麻和人造纤维做的,此外还可以用什么材料做? 请尽量多列举。

(2) 如果不考虑成本的话,还可以用哪些材料来做镜子?

(3) 要研制新的香皂,你能设计出哪些香型?

(4) 你还可以设计(或实验)出具有不同优越性能的多种塑料?

(5) 你对电话的铃声可以做哪些想象?

2) 形态位置选择的发散思维训练

(1) 如果你是服装设计师,你将设计出哪些新颖的裤腿形状?

(2) 如不考虑安装方面的问题,画出你认为美观新奇的窗口的形状。

(3) 你能设计出更漂亮新颖的伞的形状吗?

(4) 在超市里安装监视器,可以在哪些地方安装?

(5) 如果在自行车上装一个打气筒,可以安装在哪些部位?

3) 数量选择的发散思维训练

(1) 如果你是食品厂的工程师,你准备把饼干按怎样的量进行分装?

(2) 你认为小轿车、面包车还可以分别设计成哪些不同尺寸的车型?

(3) 两室一厅的房子,你可以设计出哪些户型?

(4) 除了手表传统的形式,你还可以设计出哪些形式新颖的手表款式?

(5) 根据人们年龄段的不同,设计出不同的足球场的大小(包括球门)。

4) 方式方法选择的发散思维训练

(1) 要调动学生学习的积极性,有哪些方式可以运用?

(2) 每天早晨职工乘公交车上班,交通较紧张,有哪些办法可以改变这种状况?

(3) 我国农村是一个巨大的消费市场,但开发的并不好,你能提供哪些销售方式(或信息渠道)来开发农村市场?

(4) 如果要设计一种新型的冰箱,在结构方式上可做哪些改善?

(5) 为了调动企业员工发明创造的积极性,可以采取哪些合理的方式?

(6) 要使冬天室内的温度达到 16°~18°,你有哪些取暖方式?

(7) 如果你刚到一个从未去过的城市,把熟人的地址和电话号码都丢了,你有哪些办法可以找到他们?

(8) 对一门专业课,你认为能有哪些考试方法?

此外,就以下训练,想得越多越好:

(1) 说出玻璃杯的用途,看谁说得多;

(2) 请尽可能列出鸟的种类;

(3) 请列出尽可能多的汽车类型;

(4) 灯泡不亮了,有哪些原因;

(5) 怎样才能达到取暖的目的。

3.2.3 侧向思维

侧向思维是相对直观思维而言的一种灵活的思维方式,不按传统思维和习惯模式,从问题的外围着眼,以产生新颖的构思;或以某一问题为中介物间接地去解决问题,是一种具有探索性与开放性的思维形式。侧向思维的模式如图 3.4 所示。

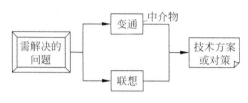

图 3.4　侧向思维的模式

1. 特征

(1) 联想性　是指一个人遇到问题时联想到的与所遇问题性质相似的问题,从其他问题的解决方法中寻找所遇问题的解决方法的能力。一个人思维的联想性越强,所联想到的相似问题就越多,就具有更广阔的思路去解决问题,发挥创造能力。

(2) 变通性　是指人们把一种思想转换成另一种思想的变通能力。它是在联想性的基础上,把解决其他问题的方法变通运用到所遇问题上的一种能力。

把这一个换成那一个如何?提出疑问再搞发明创新时可能有用,在实际生活中,当你碰到困难时可寻找"中介物",采用侧向思维往往能使你摆脱困境,取得成功。

例如黑木耳栽培,木耳本来生长在死椴木树干上,后来人们在椴木段上栽培成功;有些地区缺乏木材,有人研究用锯末栽培取得了成功;有些地区锯末较缺乏,人们又研究用作物秸秆栽培也取得了成功。

2. 运用举例

在求解问题时,有时运用直观思维直接求解道路不通,这时不妨考虑采用避直就曲的方法,运用侧向思维方法,或许问题可迎刃而解。

例 3-5　烟囱问题

有些企业为防止烟尘对低层大气的污染,将烟囱建高,有的甚至达到三百多米。但有的建筑工程师就利用侧向思维的方法,换一种思路,以间断脉冲装置使烟气滚动上升,烟囱高度降低了 90 米,但排烟高度却增加了,甚至可达近千米。

例 3-6　泰晤士河防潮水闸门

众所周知,英国的泰晤士河(Thames)在涨潮时,海水会逆河而上,漫过河堤而进入伦敦市区,因此必须在泰晤士河下游建造闸门来阻挡潮水,同时维持该河道的正常航运,使海轮能在正常涨潮之时直抵伦敦,通常闸门是采用升降式的,如沿用老办法用在泰晤士河上,则结构庞大,造价较高。

而英国的查尔斯·德莱帕变升降闸门为转动闸门,在泰晤士河下游设置一排横向闸墩,如图 3.5 所示。不挡潮时,全闸 10 孔可适应河水正常通过,通航各孔采用上升(关门时)式弧形门,如图3.6(a)所示。上面设置转动支承,闸墩之间无横梁,只有弓形门。平时弓形门在水下一定深度,船只可顺利通过;挡潮时,将闸门上转90°,使面板从凹槽中滑起,露出水面到竖直位置(见图3.6(b)),即可挡住潮水。这种闸门设计合理,工作灵活,闸门还可再转动90°,使面板朝上,以便于检修。

图 3.5　泰晤士河闸门

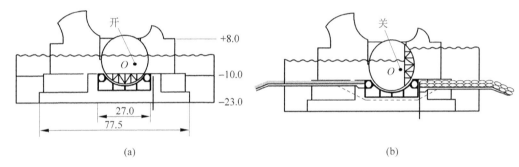

图 3.6　水闸断面示意图
(a) 水闸处于通航位置；(b) 水闸处于挡潮位置

闸门于1980年7月开始安装,全部工程于1982年完成。德莱帕所设计的扇形防潮水闸就是侧向思维应用的一个典型案例。

3. 侧向思维训练

(1) 教室的黑板设计有何缺陷,怎样改进?
(2) 能否设计一种使用和读数都方便且成本不高的温度计?
(3) 尽可能列举出下列物品的不同类型的用途:
① 旧自行车内胎;
② 汽车废弃轮胎;
③ 旧的纯净水桶;
④ 易拉罐;
⑤ 一打彩色广告海报纸。

3.2.4　收敛思维

收敛思维是相对发散思维而言的,它是以某个思考对象为中心,从不同的方向和角度,将思维聚焦到这个中心点,以达到解决问题的目的。如图3.7所示,从不同的方向集中指向同一个目标去思考,其着眼点是由现有信息产生直接的、独有的、为已有信息和习俗所接受的最好结果。

1. 特征

(1) 聚焦性;
(2) 程序性。

收敛思维的特点是:来自四面八方的知识和信息都指向同一目标(或问题)。

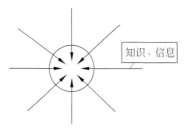

图 3.7　收敛思维

2. 在"收敛"与"发散"思维间保持适度的张力

在思维方面所谓"张力",就是相互牵引的力,所谓适度的张力,就是说,不能太紧,太紧容易绷断;也不能太松,太松不起作用。在收敛思维和发散思维之间保持适度的张力,就是两者要有适当的牵引。在进行发散的时候,不能发散起来就没完,要考虑该收敛时就要收敛;但收敛也不能着急,没有发散完毕,收敛就会挂一漏万。实际生活中,收敛和发散经常是交替进行的。最简单的例子就是我们考试时做填空题和选择题。要勾出一个或几个正确的答案,总是先发散,找出几个可能的答案;再收敛,确定正确、合理的答案。你如果一直发散,许多可能的答案都摆出来了,还不停止,那就是跑得太远了收不回来,是一种"优柔寡断"。如果你没有很好的发散,就急于收敛,正确答案可能就让你漏掉了;再如你上街逛商店,要买一双既时尚、又实惠的皮包。你走了一个商店看了几种款式,不太满意,再进一个商店,再看几种,还不满意;再走,直到买到满意的为止。保持适当张力的意思就是,你不能逛起来没完,可能逛到最后也还不满意,还不如前面商店的呢,因此差不多买下来就可以了。但你也不能看了一家就急忙买,后面店的皮包可能比你买的更好、更便宜。

3. 运用举例

进行收敛思维的前提是有一个明确的收敛点(目标),也就是将要解决的目标问题。

例 3-7　现有六个类似规模的制药企业,分别是 X_1、X_2、X_3、X_4、X_5、X_6,如图 3.8 所示。它们的年销售额的相对关系是:X_1 比 X_2 多、X_3 比 X_4 少、X_2 比 X_4 多、X_1 比 X_5 少、X_6 比 X_5 多。

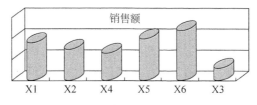

图 3.8　年销售额示意图

试问这六个企业中年销售额哪个最多?哪个最少?

该问题以年销售额作为收敛点,结合运用逻辑推理进行分析便可找出正确答案。也可以运用图形法来分析。

例 3-8 聚焦地下指挥所上的"波斯猫"

第一次世界大战法国和德国交战时,法军的一个旅司令部在前线构筑了一座极其隐蔽的地下指挥部。指挥部的人员深居简出,十分诡秘。但是法军只注意到军事人员的隐蔽,却忽略了长官养的一只小猫。德军的侦察人员在观察战场时发现:每天早上八九点钟时,都有一只小猫在法军阵地后方的一座土包上晒太阳,德军依此判断:

(1) 这只猫不是野猫,野猫一般白天不出来,更不会在炮火隆隆的阵地上出没;

(2) 猫的栖身处就在土包附近,很可能是一个地下指挥部,因为周围没有人家;

(3) 根据仔细观察,这只猫是相当名贵的波斯猫品种,在打仗时还有兴趣玩这种猫的不会是普通的下级军官。据此,他们判定那个掩蔽部一定是法军的高级指挥所。随后,德军集中六个炮兵营的火力,对那里实施猛烈袭击。事后证明,他们的判断完全正确,这个法军地下指挥所的人员全部阵亡。

4. 收敛思维训练

(1) 请写出海水与江水的共同之处,越多越好。

(2) 请你填上缺掉的数字。

7,10,9,12,11,(　　),(　　)

(3) 尽可能列举出形状与锯齿相似的东西。

(4) 说出几种能解决擦拭黑板粉尘污染的方法。

(5) 如果得到了一份即开型彩票奖金一万元,你如何设计对其支出最合理?

(6) 试设计能把鸡蛋立在桌面上的几种方法。

3.2.5 求异思维

所谓求异思维,是指有创见的思维。即通过思维创造性活动,不仅揭露事物的本质及其内在联系,而且在这个基础上产生新颖的、超出一般规律的思维成果。求异思维重在开阔人们思路,启发人们联想,从各方面、广角度、多层次来思考问题,并在各种结构的比较中,选择富有创造性的、异乎寻常的新构思。

1. 特点

求异思维的特征是用不同于常规的方法和思考问题的角度去观察分析客观事物,而得出全新形式的思维成果,具有独特性、变通性等特点。

1) 独特性

求异思维关键在于"独特性",它需要更精细的观察、准确的记忆以及用创造性的联想和探索。在整个思维过程中,更需要的是对已掌握的知识进行合理、灵活、巧妙地迁移和组合。

2) 变通性

变通指思考随机应变,触类旁通,不局限于某一方向,不受消极思维定式的束缚,能从思维的某一方向跳到第二、第三或第四个方向等,有更多的方向、方面可供选择和考虑,从而形成立体思维,编织成思维的网络。

这同时也要求思维机体要遇境适变,凭情会通。用甲事物的普遍性去解决乙事物的预选性,将思维内容此一类彼一类地沟通移植、交换。运用推测、联想、幻想、创造等有效手段参与思维信息的编码,从而达到使创造的能力得到不断的锻炼。变通性是求异思维的较高级层次,使思维沿着不同的方向和方面扩散,表现出极其丰富的多样性,能使创造者产生超常的构思,提出不同凡俗的新思想、新观点。

3) 反常性

反常性即指创造者的思维不是按照现成的规范去判断事物的是非,不依照现成的材料去寻找答案,而是对现有的规范、材料和思维结果提出质疑,重新排列组合,力图形成新材料、新观点,力图向新的方面、新的领域扩展。

1996 年《经济日报》曾在长篇通讯"走进徐虎"中,就着力寻求徐虎(注:徐虎原是上海闸北区房管所的一位普通水电修理工,劳动模范)与雷锋等榜样的"异"。像做了好事还要自己贴钱,这在以前雷锋时代人们的眼中是不足为奇的;而在现在市场经济条件下的徐虎眼中却行不通了,因为"徐虎首先是一个普通人,他也要生存,生活也要有保障,才有可能为更多的人做好事"。选择这一视角去进行新闻报道,既大胆,又新颖。

读者反映,这样的徐虎才更真实可信,更让人理解和亲近。

2. 运用及例子

例 3-9 求异思维闪"金"光

江苏某地张姓农民看到全县推广水田养蟹取得好效益,他冷静地思考一番后,没有从众去搞水田养蟹,而是独辟蹊径搞旱田养蟹。他种了几亩西瓜,在瓜地四周开挖深沟筑堤,西瓜起茬后正好利用瓜叶、青草等来喂蟹。结果西瓜一茬获利 9 千元,螃蟹一茬获利 1.4 万元,这是求异思维在农业多种经营方面的应用。

在市场主体多元化、市场需求多样化、市场走势复杂化的今天,古人"弃茶卖箩"和当代农民"反其道而行之"的"求异思维"给了我们许多有益的启示:不同事物之间都有某种联系,寻找到这种联系,沟通这种联系,往往会凭借旧事物创造出新事物来。倘若在市场经济的大潮中,仍然满足于"你有我有全都有"的态势,就会远远落后于时代了。所以,要善于洞察经济风云,独辟蹊径,勇于开拓新领域,才能运筹帷幄,获得较高的经济效益。

3. 求异思维训练

求异思维的训练主要有三种方式。

1) 由此及彼、由表层到深层的顺向求异

世界万物"一切东西都在运动着,一切事物都在变幻着",随着时间的推移,人们认识某种事物也将不断得到深化。在此面与彼面的扩展上,比如"勤学苦练","苦练"早成思维定式,为什么不能化"苦练"为"巧练";掌握科学的学习方法,把自我从巨大的精神压力下解脱出来。人们常说"逆境可磨炼自己的意志",这只是问题的一面,还应当看到"顺境更容易让人才脱颖而出"。其他如"近朱者未必赤"、"近墨者未必黑"、"近水楼台后得月"、"常在河边站,就能不湿鞋"等,都可作为"彼面"的求异材料,用来拂去岁月的风尘,赋予新的见解和蕴涵。在表层向深度的开掘上,人们面对某一问题,不宜静止地孤立地去看待,要从问题之间的联结机制上查找症结所在。

例 3-10 2004 年 12 月 14 日,山东省莱芜一油炉发生爆炸。莱芜日报社所属子报《鲁中晨刊》作为一家晚报媒体迅速出击,在一版开辟"油炉爆炸追踪"专栏,予以全程关注。记者深入采访,调查了解,全面客观地分析报道了此事件的前因后果,专栏真实、客观,信息量大,取得了非常好的传播效果。

此例可以看出,求异思维使记者得以摆脱传统观念和传统报道模式的束缚,开辟出全新的报道领域和报道思路,从而使新闻采写工作呈现一个崭新的面貌。

在新闻采写过程中,需要不断地"求异",不断地"标新立异",如当众多记者包围采访拳王阿里时,文汇报记者却与众不同地离开了阿里,去采访"被人遗忘的、同访中国的阿里夫人",从而写出了《阿里夫人谈阿里》,视角的转换带出一篇精彩的报道。

2) 由正面求反面的逆向求异

这是运用逆反心理让事物之间互相沟通,构成对立矛盾的统一体。比如"春蚕到死丝方尽,留赠他人御风寒"与"作茧自缚,自作自受"、"知足常乐"与"知不足常乐"等,正是以正求反,能够"反弹琵琶出新意",避免那种墨守成规、不求新意的单向思维。

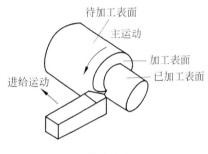

图 3.9 传统车加工方式

例 3-11 某企业工人运用求异思维,采用反向走刀切削法,解决了车削细、长轴时切削变形难题。该工人摆脱传统车削加工中的惯例——从右向左的切削方式(如图 3.9 所示)。在精车和光刀时把走刀方向改为从左到右,使未加工的轴段处于自由状态,不会产生弯曲变形,不仅解决了细、长轴切削变形难题,而且提高了加工效率。

3) 由一点而辐射的多向求异

这是多向求异的一种延伸,类似"一题多作"的思路。

例 3-12 从数学上考虑把 24 个小球,平均放在几个盒子里,每个盒子放 2 个或 2 个以上,有几种放法?对此可提出多种解法,见表 3.1。

当然,求异思维的运用,一要注意原有心理结构,不能盲目跨越;二要考虑适应对象和效应。逆向求异能"反弹琵琶出新意",但"反弹"的对象必须是可以"反弹"的事物;"反弹"效应必须对社会有益,离开这些条件就不可能有所创造。同时要防止随意性,不是任何问题都能按照求异思维模式去推导出新颖、正确的结论。如果因产生眩惑心理造成思维裂变,不问青红皂白跟真理"对着干",只会产生谬误。

表 3.1 小球放法的一题多解表

小球总数	每盒球数	盒子个数
24	2	12
24	3	8
24	4	6
…	…	…

此外,求异思维的训练前提是要注意观察。如观察东、西方人们的差异,利用这种差异就可联想到一个发财的"金点子"——把喝咖啡的杯子做成带缺口的。这样,西方人的高鼻子也就不再成为喝咖啡的障碍,杯子里的东西自然能够喝得一干二净,这样的杯子也就成了畅销品。

作为训练题,还可尝试以下方面:

(1) 找出钱币中纸币和硬币的区别;

(2) 找出电动机与发电机的不同;

(3) 找出电车和汽车的区别。

3.2.6 其他思维方式训练

1. 直觉思维的训练

直觉思维是完全可以有意识地加以训练和培养的。方法如下：

(1) 松弛 把右手的食指轻轻地放在鼻翼右侧，产生一种正在舒服地洗温水澡的感觉；或仰面躺在绿色原野上凝视晴空的感觉；以此进行自我松弛，这有利于右脑机能的改善。

(2) 回想 尽量形象地回想以往美好愉快的情景，这对促进大脑中负责储存记忆的功能有积极效果，时间以 2~3 分钟为宜。

(3) 想象 根据自己的心愿去想象所希望的未来前景，接着生动活泼地联想通过哪些途径才能得以成功。开头闭目做，习惯后也可睁眼做。

以上三种方法可一日一次地坚持三个月左右。

(4) 听古典音乐 听莫扎特的曲子，直接接触他的感情，会使直感力变得敏锐。我国的"梁祝协奏曲"、"平湖秋月"等乐曲，最适合于镇定暴躁的心情和作为思考问题时的伴音。

(5) 进行自由联想 将空中飘浮不定的朵朵白云，想象成各种形象，这能提高进行逻辑思维的左脑和记忆储藏库的效能，进而提高思维的集中能力。

(6) 用左手拿筷子 不妨先试两天，然后中间休息一天，再继续两天，为此坚持一个月左右。

(7) 向似乎办不到的事情挑战 有时灵感是在被逼得走投无路时突然产生的，简直是绝处逢生，不要惧怕艰难的工作，要勇敢地去挑战。

(8) 童年回放 回想幼儿时期唱过的歌，玩过的游戏，并历历在目地描绘出当时的情景，有助于增强记忆的源泉。

2. 形象思维训练

猜谜是训练形象思维的一种较好的形式，请看下列的例子：
(1) 年纪并不大，胡子一大把；不论看见谁，总爱喊妈妈。［打一动物］
(2) 有根不入土，有芽不开花；虽是家常菜，园里不种它。［打一蔬菜］

编谜语有各种方法，如：
(1) 象形法 即抓住事物的形貌特征，把它和相似的事物联系起来。如花生——小屋子，红帐子，里面睡个白胖子。
(2) 直述法 抓住事物的某一个特点，通过比喻等手法进行描述，越直接越好。如公鸡——一朵红花头上戴，锦衣不用剪刀裁；清晨嗓子特别亮，唱得千门万户开。
(3) 反比法 即按照事物的形态、特征等，从反面去构思想象。如棉花——不是桃树却结桃，桃子里面长白毛，到了秋天桃子熟，只摘白毛不摘桃。

3. 抽象思维训练

对照下列各题做出最适合你的选择，看看你的抽象思维能力如何。
(1) 你说话富有条理吗？
A. 是　　　　　　B. 不能确定　　　　　　C. 不

(2) 看完一篇文章,你是否马上能说出文章的主题?
　　A. 通常能　　　　B. 有时能　　　　C. 不能
(3) 你写信时常常觉得不知如何表达吗?
　　A. 不　　　　　　B. 不能确定　　　C. 是
(4) 你是否发现老师讲课中的某些错误?
　　A. 常常能　　　　B. 偶尔能　　　　C. 不能
(5) 你是否能轻易找到一些笑料使大家都笑起来?
　　A. 常常能　　　　B. 有时能　　　　C. 不能
(6) 你很轻松地就可以领会一篇文章的要点吗?
　　A. 通常能　　　　B. 有时能　　　　C. 不能
(7) 当你告诉别人什么事情时,你常会有词不达意的感觉吗?
　　A. 不　　　　　　B. 不能确定　　　C. 是
(8) 当你发觉说错话时,是否窘得说不出话来?
　　A. 不　　　　　　B. 不能确定　　　C. 是
(9) 在电影和电视剧中,你发现过一些不合情理的情节吗?
　　A. 多次发现　　　B. 偶尔发现　　　C. 没有
(10) 你在下棋、打扑克等智力游戏中常能取胜吗?
　　A. 是　　　　　　B. 不能确定　　　C. 不
(11) 你善于分析问题吗?
　　A. 是　　　　　　B. 不能确定　　　C. 不
(12) 你的同伴困惑不解时是否会向你询问?
　　A. 是　　　　　　B. 不能确定　　　C. 不
(13) 你觉得想问题是件很累的事吗?
　　A. 是　　　　　　B. 不能确定　　　C. 不
(14) 在朋友面前发觉自己不小心做了不得体的事时,你是否能迅速找一个台阶下(如开一句玩笑),使自己摆脱困境?
　　A. 是　　　　　　B. 不能确定　　　C. 不
(15) 你和同事讨论问题时,是否常出一些很有价值的主意?
　　A. 是　　　　　　B. 不能确定　　　C. 不
(16) 有时你将问题倒过来考虑吗?
　　A. 是　　　　　　B. 不能确定　　　C. 不
(17) 几个同学为一件事争论不休时,你能从他们各自的说法中找出共同点,而把他们的观点统一起来吗?
　　A. 通常能　　　　B. 有时能　　　　C. 不能
(18) 一般情况下,你只要一看故事(小说或影视)的开头,就能正确猜想到结局如何?
　　A. 是　　　　　　B. 不能确定　　　C. 不
(19) 你的提议被别人忽视或否定吗?
　　A. 不　　　　　　B. 不能确定　　　C. 是
(20) 你常与别人辩论吗?

A. 是 B. 不能确定 C. 不

评分规则：每题答 A 记 2 分，答 B 记 1 分，答 C 记 0 分，各题得分相加。

若你的得分在：

0～12 分：你讲话、想问题缺乏逻辑，思维能力较弱。

13～28 分：你的抽象思维能力一般。

29～40 分：你的抽象思维能力较强。你善于抓住问题的关键，说话也显得有条有理。

在创造过程中，发散思维、收敛思维、形象思维、逻辑思维、灵感思维、直觉思维、类比思维等往往是综合采用的，正是创造性思维将它们有机地组合起来，在创造过程中，有时是先发散再收敛；有时是先直觉判断再进行类比推理，有时还需逻辑整理；有时是逻辑思维、形象思维与灵感思维混合进行，不是某种思维一种形式的孤军奋战，而是它们的协同作战。

有人过分强调灵感、直觉等非理性思维，仿佛它们就等同于创造性思维的全部，这是不全面的。尽管爱因斯坦、卢瑟福、开普勒、钱学森等科学家都十分推崇灵感、直觉等，但他们并不排除理性思维的作用。在瞬间由直觉、灵感悟出的假设，往往是片面的、模糊的，还有待逻辑思维去完善它，得用准确的语言、公式、图形等表示出来，将发明创造的成果物化。

附录　从大学时代的创新思维到世界 500 强
——联邦快递创业之路

联邦快递(Federal Express)公司成立于 1973 年，全球总部设在美国的田纳西州孟菲斯，另在中国香港、加拿大安大略、多伦多和比利时布鲁塞尔设有区域总部。

现在联邦快递在全球有 148000 名员工，拥有大约 1200 个服务中心，超过 7800 个授权寄件中心，435000 个投递地点，45000 辆货运车，662 架货机，服务机场覆盖全球 365 座大小机场，服务范围遍及全世界 210 多个国家和地区，日平均处理的货件量多达 330 万份。

联邦快递以其无可比拟的航空路线权以及强大的信息技术基础设施，在小件包裹速递、普通递送、非整车运输、集成化调运系统等领域占据了大量的市场份额，成为全球快递运输业泰斗，并跃入世界 500 强企业。

联邦快递公司的创立者、总裁弗雷德·史密斯，于 20 世纪 60 年代在耶鲁大学读书，他撰写过一篇论文，提出一个开创性的创业设想：即超越传统上通过轮船和定期的客运航班运送包裹，建立一个纯粹的货运航班，用以从事全国范围内的包裹邮递。

弗雷德在论文中提出，在小件包裹运输上采纳"轴心概念"理念，并利用寂静的夜晚通过飞机运送包裹和邮件。

弗雷德的创新之处不仅在于小件包裹运输采纳"轴心概念"的营销模式，更在于他能够把人们忽略的时间运用起来，把本来是低谷的时段变成一种生意的高峰期。

田纳西州的孟菲斯之所以被选择作为公司的运输中央轴心所在地，首先，孟菲斯为联邦快递公司提供了一个不拥挤、快速畅通的机场，它坐落在美国中部地区；其次，孟菲斯气候条件优越，机场很少关闭。正是由于摆脱了气候条件对飞行的限制，联邦的快递竞争潜力才得以充分发挥。

每到夜晚，就有 330 万包裹从世界各地的 210 多个国家和地区起运，飞往田纳西州的孟菲斯。

成功的选址也许对其安全记录有着重大贡献，在过去的30多年里，联邦快递从来没有发生过空中事故。联邦快递的飞机每天晚上将世界各地的包裹运往孟菲斯，然后再运往联邦快递设有直接国际航班的各大城市。虽然这个"中央轴心"的位置只能容纳一定量的飞机，但它能够为之服务的航空网点要比传统的 A 城到 B 城的航空系统多得多。另外，这种轴心安排使得联邦快递每天晚上飞机航次与包裹一致，并且可以应航线容量的要求而随时改道飞行，这就节省了一笔巨大的费用。此外，联邦快递相信："中央轴心"系统也有助于减少运输上的误导或延误，因为从起点开始，包裹在整个运输过程都有一个总体控制的配送系统。

弗雷德专门用于包裹邮递的货运航班，为美国以及后来为全世界客户提供了方便、快捷、准时、可靠的服务，创新思维所带来的营销模式为其提供了低成本、高效、安全和全天候的物流系统，因而联邦快递迅速发展，从创业到成长为世界 500 强企业只用了短短 20 多年时间。

第4章 Chapter 4

创 造 技 法

4.1 联想创造法

联想创造法是指创造思路由此及彼的连接,即由所感知和所思的事物、概念和现象的刺激而想到其他事物、概念和现象的创造过程和方法。如由"鸟"想到"飞机",由"老师"想到"蜡烛",由"蜡烛"想到"应急灯"等。也可以是由表面看来是完全无关的两个或多个事物及见解之间,"牵强附会"地找出其联系。

联想创造法的过程是:输入信息——搜索在大脑中的相关信息——得出创新性结论。

4.1.1 缺点列举法

缺点列举法,就是发现问题,发现了产品的缺点,往往就找到了发明创新的机会。当发现了某一设计方案或产品的缺点时,就可以列出其所有不足之处,研究改进方案,以进行创造性设计。机械工业中的改良性产品设计,就是设计、营销及用户三者根据原产品存在的不足之处所进行的革新。

缺点列举法可按照以下程序进行:

(1) 尽量列举某一事物各方面的缺点,必要时可事先进行广泛的调查研究;
(2) 将缺点进行归类整理;
(3) 针对这些缺点加以分析。

1. 应用

例 4-1　温度计的改进

缺点列举:

(1) 用温度计测体温时必须和人体接触,同一个温度计先后多人使用,可能引起传染病、皮肤疾病的传染。
(2) 温度计不能测量人体内部某处的温度。
(3) 成人温度计不便于儿童测量体温。
(4) 温度计不便于测量人额头的温度。
(5) 温度计不便于随身携带,随时测量。
(6) 玻璃温度计易破碎,不能折叠。

改进后的温度计有以下几种。

1) 非接触式温度计

针对缺点(1),波兰某医疗器械厂研制生产了一种非接触式温度计,使用时只要将温度计对准被测量者,两秒钟之内即可准确地从被测者皮肤的红外辐射中测出其体温。红外辐射式温度计是基于黑体辐射原理制成的,借助红外温度传感器,测量人体发出的热辐射能,经过一系列转换后,得到对应的人体温度值。红外辐射式温度计可以实现非接触、无损伤测温,可避免多人使用引起的病菌交叉传染。

2) 肠胃温度计

针对缺点(2),美国人设计了一种微型肠道温度计。该温度计体积很小,与药片的大小差不多。使用时患者将温度计吞下,就能自动测量出内脏温度,并可连续测量2~7天,这对于医生诊断、监视患者的病情很有帮助。

3) 额头薄片温度计

针对缺点(4)、(6),有人设计了一种额头薄片温度计。该温度计透明有韧性,不易折断,像一张名片。使用时,将额头擦干后,将温度计贴到额头上,一分钟即可测出体温。通过颜色(绿色)来显示当前的温度,测量准确,直观方便,一般能在15秒钟之内测量出温度,可以重复使用,又避免了传统温度计容易造成玻璃破碎和水银中毒的危害性,具有安全、环保、实用、价廉的优点。

4) 儿童专用温度计

针对缺点(3),有人设计了一种儿童专用汤匙型温度计。只需用该"汤匙"给儿童喂食,与儿童的口腔接触,就可很快测出其体温。

5) 戒指式温度计

针对缺点(5),美国心理学家克埃尔研制出一种戒指式温度计,可以长期戴在手指上,随时了解体温的变化。

进一步可思考:为什么不试试手表式的呢,或者是和手表组合呢?

例 4-2 弯柄雨伞缺点的改进

先列出弯柄雨伞的缺点:

(1) 伞太长,不便于携带;
(2) 弯柄太长,在拥挤的地方会钩住别人的口袋;
(3) 打开和收拢不方便;
(4) 伞尖容易伤人;
(5) 伞面遮挡视线,容易发生事故;
(6) 钢丝与伞布的连接容易脱落;
(7) 抗风能力差,刮大风时会向上开口成喇叭形;
(8) 骑自行车时打伞不方便;

……

针对以上缺点,伞厂已研制出各种新伞,如折叠伞、可自动打开的伞、可自动打开并可自动收拢的伞、透明的塑料布面伞、戴在头上的伞、可插在背上的伞、加装集水器的伞、夜间伞杆可发光的伞、防紫外线辐射的伞、带有微型电筒的伞、带微型风扇的伞、带有微型收音机的伞、带密码锁的伞、伞头戴反光套的伞、可以直接固定在自行车上的伞、适合两个人使用的情侣伞等。

2. 缺点列举法训练

以下列物体为研究对象,进行结构剖析与缺点列举,将产生的所有新设想记录下来(每次 10 分钟左右),进而有针对性地提出各种设想来加以改进和完善。

(1) 自行车;

(2) 圆珠笔;

(3) 课桌椅;

(4) 快餐面;

(5) 火车车厢。

4.1.2 希望点列举法

与缺点列举法相反的创造技法为希望点列举法。即发明人按照自己的思维提出新设想,而不受产品、现有设计的约束,这是一种主动型的设计方法。如近年来相继出现的录音电话、视频电话、无绳电话等,就是人们不断设想,在打电话时能否将其内容记录下来?通电话时,能否看到对方的面貌?能否随时通话,而不需要专门线路等情况下发明的。

希望点的背后,往往是新问题和新矛盾的解决和突破。因此,列举新的希望点,就是发现和揭示有待创造的方向或目标,只要能想出满足希望要求的新点子、新创意和新方法,就意味着新的创造和发明的诞生。将希望点化为明确的创造课题并提出完成该项目的途径,是希望点列举法的基本内容,也是该方法具有创造功能的基本原理。

希望来源于两个方面,一是事物(或产品)本身存在的不足,希望改进;二是现代化生活使人们对产品的需要期望值扩大,要求增加产品的功用,使之变得更理想。

例 4-3 用希望点列举法设计一种新型体温计

1) 列出希望点

(1) 希望测量数据能自动显示、自动报体温。

(2) 希望能自动监控人体温度,在温度高出正常值时报警。

(3) 希望能自动定时测量体温并保留记录。

(4) 希望体温计还可以测量环境温度。

(5) 希望除测量体温外,可以监控人的其他生理信息,如心率、血压、呼吸、微量元素比例值等,能给出一份可调节营养的每日食物清单。

2) 将希望点进行分类整理

前三点希望,可以在目前电子体温计的基础上进行技术改造,短期内实现。

第(5)点希望,完全改变了现有体温计的概念,可能是一种微型的具有体温监控功能的产品,比如,一种植入人体表的监控芯片。

3) 形成新型体温计的构想

体温计上带有语音芯片,可以自动报出体温值;体温计中加入微处理器进行数据管理,能自动定时测量体温并保留记录,在温度高出正常值时报警;体温计中感温元件的温度范围变大,可用于测量环境温度(完成第(4)点希望)。

例 4-4 应用希望点列举法,研制新型轴承

1) 提出希望点

发明轴承是为了减少机械运动的部件摩擦,因此:

(1) 能否使轴和轴承的接触面尽可能减小;

(2) 能否更大地减少轴和轴承接触面间的摩擦系数;

(3) 能否在轴转动时,使轴与轴承互不接触。

2) 提出创新方案

(1) 在轴套部分吹入高压空气,用空气层代替润滑剂,减少摩擦,研制浮动轴承;

(2) 根据磁性材料同极相斥的原理,研制磁性无接触轴承;

(3) 利用超导材料的特性,研制轴悬浮轴承。

例 4-5 保定铁球的改进创新

保定市铁球厂是制作保定铁球的传统专业厂家。该厂生产的"寿星牌"保定铁球曾荣获国家轻工部优质产品证书和河北省优质产品证书,"寿星牌"保定铁球不但畅销全国,而且远销美国、英国、德国等十几个国家和地区。针对这一传统又畅销的产品,借助希望点列举技法,在保定市总工会技协办组织的创造学师资培训班上,以被誉为"保定三宝之冠"的"寿星牌"保定铁球作为对象,让学员们运用希望点列举法提出新希望、新构思,得出以下新的希望点:

(1) 带有音乐的铁球;

(2) 有磁疗功能的球;

(3) 具有可调节音响的功能;

(4) 带香味的铁球;

(5) 具有手炉功能的铁球;

(6) 带多种色彩的铁球;

(7) 带鸟鸣声的铁球;

(8) 带定时器的铁球;

(9) 带报警器的铁球;

(10) 能测体温(或自动显示);

(11) 能测血压(自动显示);

(12) 有按摩功能;

(13) 具备冬暖夏凉的特点;

(14) 药物健身球;

(15) 带有生肖图案的铁球;

(16) 设计成变色球;

(17) 有照明功能;

(18) 有装饰功能;

(19) 设计成文化球(如球面有名人字画);

(20) 女性专用球;

(21) 学习球(如英汉对照);

(22) 情侣对练球;

(23) 有通信功能的球。

4.1.3 特性列举法

特性列举法是通过对创造对象的特性进行分析,并一一列举,然后在所列举的各项目下面,试用可取而代之的各种属性加以置换,从中引出具有创见性的方案,再进行讨论和评价,最后找出具有可行性的创新设想或创新措施。

1. 特征分类

一般事物的特征分为以下三个部分。
(1) 名词特征　指采用名词来表达的特征,如事物的全体、部分、材料、制造方法等。
(2) 形容词特征　指采用形容词来表达的特征,主要指事物的性质,如颜色、形状、大小等。
(3) 动词特征　指采用动词来表达的特征,主要指事物的功能,包括在使用时所涉及的所有动作。

2. 应用要点

(1) 可以列举出对象技术的全部特性、部分特性,也可仅列举出关键特性;
(2) 可以是针对某个或某些特性,也可以是针对所有特性提出问题;
(3) 可以是将该对象的某些特性置换或移用于其他技术和产品,推出关于其他技术或产品的创新问题;也可以是将其他或新的设计原理、设计形式用来置换该对象技术的某一特性,提出关于该对象技术的创新问题。

3. 操作程序

(1) 确定对象　对象的确定原则上具有任意性,但若根据生产发展和市场前景选择某项技术或产品作为改进对象,其最终成果将更具有实效。
(2) 列举特性　将事物或产品分为下列三种属性:
① 名词属性:全体、部分、材料、制法。
② 形容词属性:性质、状态。
③ 动词属性:功能。
(3) 进行特征变换。
(4) 再提新产品构想　依变换后的新特征与其他特征组合可得到新产品。

例 4-6　家用螺丝刀工具
(1) 确定对象　改进现有螺丝刀的功能。
(2) 列举特性　螺丝刀的主要属性如下。
① 名词属性:金属材料的硬质轴杆;木头材料的手柄。
② 形容词属性:圆形的轴杆;扁平的楔形头部;直圆形的手柄。
③ 动词属性:起子轴杆装在手柄里面;手工操作转动螺丝起子;每转一圈必须将手放开,再重新握住来转动螺丝起子。

以上仅列出部分属性,可依个人主观意念加以列举,接着评估所列出的属性,看看是否有改善的空间。

(3) 针对某一特性提出创新问题。

可能的改进方案如下：

① 金属材料的硬质轴杆可改变为可绕曲的弹簧材质的轴杆，提升工具的适应性，以方便在不同场所使用；或将圆轴改变成六边形的轴，以增加旋转摩擦力。

② 木头材料的手柄可改为使用塑料材料，以降低成本和增加花样。

③ 直圆形的手柄可改变为手枪形状的握柄，以利握紧；或将木质的手柄换成塑料等绝缘材料，可以用于电工带电操作。

④ 轴杆头部改变为一个承窝，来装置不同形状的起子头部，以适应不同种类的螺丝。

⑤ 装上一个棘轮，可免除将手放开、再握住的麻烦。

例 4-7　开水壶创新

(1) 列举烧开水壶的特征点。

① 名词特征。

全体：水壶。

部分：壶柄、壶盖、壶身、壶底、壶口、蒸汽孔。

材料：铝质、铜质、不锈钢、铅质、搪瓷。

制造方法：焊接、冲压。

② 形容词特征。

颜色：白色、银灰色、黄金色、古铜色。

形状：圆形、方形、椭圆形。

性质：轻、重、大、小等。

③ 动词特征。

功能：装水、倒水、烧水、保温等。

(2) 分析特征提出设想。

依据所列特征点，利用发散思维依次提出创意。例如，通过名词特征可提出：

① 壶口的长度要不要改变？

② 壶柄能否改用其他材料，以免烫手？

③ 壶柄的形式能否改变，使得倒水时不累人？

④ 盖壶与壶身的连接能否改变，使得倒水时盖壶不会掉出而烫手？

⑤ 壶盖上蒸汽孔能否改变位置？

⑥ 壶盖上能否添加一个加水孔，使得加水时不用再打开壶盖？

⑦ 壶身的材料和底部形状能否改变，以增加与火焰的接触面，提高热效率？

⑧ 壶身能否保温？

⑨ 壶身的颜色能否改变？

⑩ 水壶的大小能否改变？

⑪ 形状能否改变？

⑫ 材料能否改变？

……

相比缺点列举法，可以看出特性列举法所列举的特性较多，如逐个分析需要花很多的时间。而缺点列举法是直接从社会需要的功能、审美、经济等角度出发,研究对象的缺陷,提出改进方案,简便易行;特性列举法研究对象较宽。缺点列举法是围绕着原事物(或产品)的缺陷加以改进,一般不改变原事物(或产品)的本质和总体,是被动型的方法;而特性列举法是主动型的方法。

4.1.4 类比法

类比法就是将两个或两个以上部分相同或相似的事物加以比较,启发思路,进而构思出新产品和新方案的创造方法。

1. 类比法的类型

类比法有许多种类型:动作类比、因果类比、对称类比、综合类比、直接类比、符号类比、模型类比、幻想类比等。

世界之大,物种繁多,但就其构成、功能、组织、状态、本质等方面可能存在着某些相似或相像的地方,从异求同,从同求异,通过相似类比、联想,可以得到显著的创造成果。如机械设计中,根据齿轮啮合原理的类比,发明了同步齿形带传动。通过人或动物的类比、联想,也会产生许多设计,例如类比螃蟹钳爪的动作原理,设计出的蟹爪扒煤机构(如图4.1所示),在 AM-50 型掘进机上得到了较好的运用。

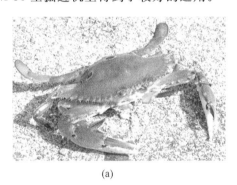
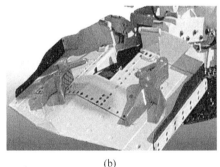

(a)   (b)

图 4.1 相似类比设计
(a) 螃蟹钳爪;(b) 蟹爪扒煤机构

蟹爪装载机、掘进机等是由一对蟹爪形扒爪交替扒取矿物料连续转运到后续运输设备上的机器,主要用于地下矿山巷道、隧道的掘进和连续采矿,也可用于清理沙石、颗粒状材料装载运输等。

2. 类比法的实施程序

类比法的实施程序,如图4.2所示。

例 4-8 以"公共汽车报站器"(发明者王滨)为例,说明类比法创新的运用

1) 提出发明需求点

经常出差的人在外地乘坐公交车时,由于路线不熟或方言上的障碍等原因,总会担心下错了站。为此,提出了一个发明需求:怎么才能让乘客方便得知前方到站?

2) 抽取关键动作词

这是开拓思路的关键,也就是提出解决此问题的关键动作或关键方式,通常是以一个动

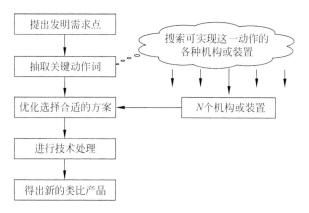

图 4.2 动作类比技法程序图

词或动宾词来表述,如本例中的"报站"。有时对同一问题可以抽象出几个不同的动词或词组,并分别对应一种手段,以便有更多的类比结果,如本例中也可以再选"显示"——将站名以适当方式显示出来。

3)搜寻能实现这一动作的各种机构(或装置)

可以凭个人经验进行发散思考或查阅书刊,也可以是小组讨论,相互启发补充。能实现"显示"动作的装置有:

(1)(以书写、印刷方式显示)路标、广告牌、球赛记分牌、标语、横幅、海报等;

(2)(以机械方式显示)钟表大指针、汽车表盘、手摇传动、液位显示器等;

(3)(以电子方式显示)电视机、计算机显示屏、液晶、交通岗红绿灯、霓虹灯、广告屏幕、理发店旋转彩条灯等;

(4)(以光学方式显示)幻灯机、投影机、电影机、发光涂料、皮影戏、走马灯、激光器、信号弹、电梯楼层显示等。

4)选出最合适的类比装置

从上述能呈现"显示"的装置或产品中逐项进行评价选择,找出最为合适的一种或几种作为类比原型。例如可选走马灯、电梯楼层显示、汽车表盘为原型。

5)技术处理

根据发明物的具体要求,将原型做一些变换,尽可能吸收它的原理而对其结构做适当调整。如将走马灯的大小变一变,将它的"窗口"变窄,而只露出一个站名。也可以电梯楼层显示灯为原型,在车内设置若干显示面板,上面按行驶线路表滚动各站名,每到一站便有小灯显示。

按上述设想制作模型,反复试验并实地试用,修改完善就成为一件创新产品。

4.1.5 反面求索法

搞发明创造,思路要灵活,有时左思右想找不到出路时,倒过来想也可能是很好的办法。倒过来想,用走迷宫来说明最清楚,人们一般是从入口进开始,最后到出口,这样做有时很不顺利;倒过来的想法,即反面求索法。这种方法对目前的解决方案加以否定,从常规的对立面,从产品相反的功能,从组成部件的反面等方面考虑,寻求创造的新方法。

反其道而行之,往往会得到意想不到的发明创造。如某机械厂生产的颚式破碎机,使用单位经常反映该机主轴容易断裂,厂家就多次把该轴直径加粗,但仍不见效。后来,厂家采用逆向思维,把原来轴径减小,反而解决了问题。

利用反过来的原理,在设计或工程上应用较多的则是逆向工程,以下就对逆向工程进行设计创新进行说明。

1. 逆向工程概述

逆向工程(reverse engineering,RE),也称反求工程等。它的思想最初来自油泥模型到产品实物的设计过程,随后发展形成一种以先进产品设备的实物、样件、软件(包括图样、程序、技术文件等)或影像(图像、照片等)作为研究对象,应用现代设计方法学、生产工程学、材料学和有关专业知识进行系统分析和研究、探索掌握其关键技术,进而开发出同类的更为先进的产品的新技术。

1) 逆向工程的应用

逆向工程在制造业领域有广泛的应用背景。广义的逆向工程包括形状(几何)逆向、工艺逆向和材料逆向等诸多方面,是一个复杂的系统工程。目前,大多数逆向工程技术研究和应用都集中在几何形状,即产品实物CAD模型重建和产品最终制造方面。在制造业中以下一些情形需要逆向工程的产品模型重建和制造技术:

(1) 复杂曲面零件的设计;

(2) 模具设计和加工制造的需要;

(3) 人体中骨头和关节等复制及假肢制造;

(4) 特种服装、头盔和鞋类等设计制造;

(5) 艺术品、考古文物的复制;

(6) 快速原形制造。

我国现阶段不具备很强的自主创新能力。可通过逆向工程,在消化、吸收先进技术的基础上,积累经验,为今后建立自己的产品开发和创新技术打下基础。企业要想持续不断地发展壮大,创新是关键,而逆向工程通过重构产品零件的CAD模型,对原形进行修改,为产品的创新设计提供了数字原型。

2) 逆向工程的系统组成结构

逆向工程系统主要由实物几何外形的数字化、CAD模型重建、产品或模具制造三部分组成,如图4.3所示。组成系统的设备软硬件主要包括:①测量机与测量探头;②数据处理;③模型重建软件(CAD/CAM);④CAE软件;⑤CNC加工设备;⑥快速成形机;⑦产品制造设备。

2. 逆向工程中实物模型的数字化

1) 数字化方法与技术

实物零件表面三维数字化信息是实现复杂曲面的建模、评价、改进、制造的基础。如何高效、高精度地实现实物样件表面的数据采集是逆向工程的基础,数据采集的方法分为接触式和非接触式两大类。接触式主要有基于力-变形原理的触发式和连续扫描式。非接触式主要有激光三角测量法、激光测距法、光干涉法、图像分析法等。

层去扫描法是通过数控铣把待测物铣去很薄一层,每铣一次扫描得到物体截面各轮廓

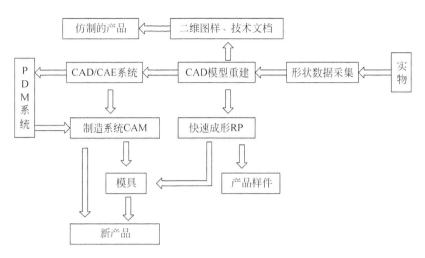

图 4.3 逆向工程流程图

点的坐标值,形成三维离散数字图像,用于物体造形。它的优点是测量精度高、数据完整;不足为测量是破坏性的。

2) 数字化测量设备

坐标测量机(coordinate measuring machine,CMM)是目前应用最广泛的逆向工程数字化测量设备,用于测量采集实物样件表面的三维几何坐标数据信息。三坐标测量机(如图 4.4 所示)将实物样件置于三坐标测量空间,获得被测物体各测点的三维坐标位置数据,用于样件的三维模型重建。CMM 主要生产厂家有:世界名牌的有美国 Sheffield 公司、Brown&Sharpe 公司、德国 Zeiss 公司、意大利 DEA 公司等;国产主要有青岛前哨朗普测量技术有限公司、中国航空精密机械研究所、北京机床研究所、上海机床厂、昆明机床厂等。

图 4.4 三坐标测量机

3) 测量数据的处理

CMM 测量得到的数据格式多样,且有数据失真,对接触式测量的数据是测头球心轨迹的数据,对激光扫描测量得到的是海量的数据"点云"。这些数据在后续的造形之前要进行预处理,主要工作流程如图 4.5 所示。

图 4.5 "点云"数据预处理

3. 实物模型的重建

在逆向工程中,实物的三维 CAD 模型重建是整个过程最关键、最复杂的一环,是后续的虚拟仿真、工程分析、产品再设计、快速原形制造等的基础。模型建模造形方法主要有以下几种。

1) 曲线拟合和曲面拟合造形

曲线拟合是先将测量点通过插值或逼近拟合成样条曲线,然后利用 Sweep、Blend、Lofting 等造形工具完成曲面(片)造形,再通过延伸、剪裁和过渡等曲面编辑方法得到完整的曲面模型,曲线拟合适用于测量数据量不大,且数据呈有序排列的情况。

曲面模型重建是直接对测量数据拟合生成曲面片,再对曲面片进行过渡、拼接和剪裁等编辑,最终完成曲面模型的构建,图 4.6 就是洗衣机内搅拌波轮曲面模型构建。

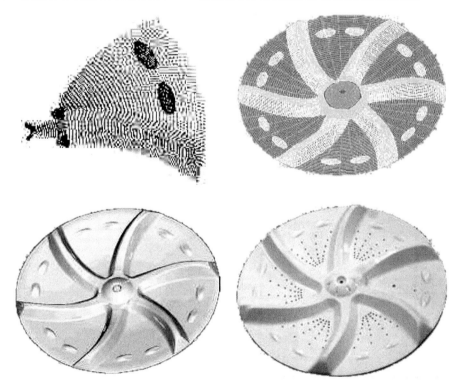

图 4.6 洗衣机内搅拌波轮曲面模型构建

2) 基于特征约束的模型重建

曲线(面)拟合建模都是孤立的曲面片造形,忽略了模型的整体属性。基于特征约束的模型重建是以模型的几何特征和约束为恢复目标,这和多数产品的设计意图吻合,可以有效解决产品的装配对齐、对称产品的造形问题,进而减小误差、提高造形质量,是模型重建技术的发展方向。但对于复杂自由曲面造形仍有许多有待解决的技术问题,如特征和约束识别问题,多个子曲面片的过渡、拼接和剪裁,曲面片的光顺拼接等,图4.7就是其应用。

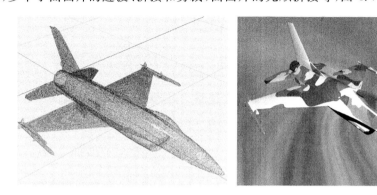

图 4.7　飞机曲面片的过渡、拼接和剪裁

4. 逆向工程中的产品制造

在完成实物的 CAD 模型重建后,下面就是产品的制造加工。

1) 快速原形制造

产品 CAD 模型重建后,信息输入相应的快速成形机,加工出原形件。这在模具制造业中应用广泛,模具具有结构复杂、品种多、更新换代快、单件生产等特点,运用逆向工程能快速地响应市场的变化,我国有些家用电器、玩具、摩托车制造企业的产品开发及生产多采用这种模式。

2) 集成数控加工

逆向工程的实物外形数字化和基于离散测量数据的三维建模完成后,下游的过程基本与正向工程技术相同,如图4.8所示,进行数控加工。

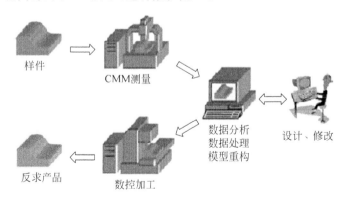

图 4.8　逆向工程流程图

5. 几种常用逆向工程软件

(1) SDRC 公司的 ImageWare Surfacer;
(2) DELCAM 公司的 CopyCAD;

(3) PTC 公司的 SCAN-TOOLS；
(4) MDTV 公司的 Surface Reconstruction；
(5) Raindrop Geomagic 公司的 Geomagic Studio；
(6) UG/Quick Shape。

4.1.6 移植法

移植法是指在创造发明过程中，将某个领域内的原理、方法、技术、材料和结构引用到另一个领域内进行有效利用的方法。现代科技使许多学科相互交叉、渗透，这就为移植法奠定了基础。

1. 移植的途径

（1）将新原理、方法应用到新产品上　发泡技术的原理是使面团内部产生大量的气体，使面的体积膨胀，变得松软可口，最早是用在制作馒头或烤制面包上。后来人们将这一技术原理移植到橡胶、塑料、冰激凌等物品的制造上，研制出许多新产品。

（2）为解决问题去寻求可以应用的原理或方法　日本的一家电器公司，利用移植法将原用来吹干头发用的吹风机，改进成热风机用来烘干被褥。

2. 移植法的应用

将光纤技术移植到医学上，产生了光纤胃镜、内窥镜等；应用到现代通信上，产生了光纤传输电话、电视等。将物理学上的激光技术、电火花技术应用到机械加工中，产生了激光切割机、电火花加工机床。将原用于水力开采煤炭的射流技术，移植到远洋轮船表面除锈、大理石切割等应用场合。

4.1.7 仿生法

仿生法就是指模仿生物体的结构和功能的工作原理，而创造出新产品的方法。

由于生物界是自然进化中经历几千万年筛选、淘汰和改进后才形成的有机体，其各项功能已高度发达，形成了许多人们已知或未知的奇妙功能结构。现在人们有时所遇到的技术问题，其实在生物界的进化过程中得以很好的解决，因此，可以借鉴生物界来解决一些我们所面临的技术难题。

近年来，科学家把生物界作为各种技术思想、设计思路和创造发明的源泉，通过对生物的某些特性进行分析，通过仿生创新，萌发新设计、新产品的创造。

1. 仿生法类型

（1）功能原理仿生　通过模仿某种生物的机械功能、原理来创造另一种产品的方法。

例 4-9　电脑的功能仿生

功能仿生不是对生物生理与结构的模仿，而是模仿生物功能及对外界的反映形式。人们常用的电脑的"输入器"就是模仿人接收外界信息的感受器；电脑的"存储器"就是模仿人脑的记忆状态；电脑的"运算器"就是模仿人脑判断、选择、计算的形式；电脑的"控制器"就是模仿人脑的指挥功能；"输出装置"就是模仿人与人之间的交流和通信形式。

(2) 形态仿生 就是用模仿生物的结构形态来产生新成果的方法。

例 4-10 手术器械的外形仿生

有些外科手术器械与一些生物界的形状有着惊人的相似之处,如图 4.9 所示。这其中就有人们模仿生物界设计的结果。仿生也不是原封不动的照搬生物原理,而是以生物原形为模型,通过创造性思维的抽象,再塑造、再创新的多次设计,直到达到"异化"的目的。

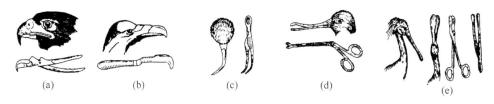

图 4.9 鸟嘴与手术器械对比图
(a) 鹰嘴与骨剪;(b) 秃鹫嘴与椎骨刀;(c) 歪喙鸸嘴与曲形镊;
(d) 鹬鸟嘴与鼻甲钳;(e) 琵嘴鸟的嘴与平头钳和平头镊

(3) 色彩模仿 就是通过模仿生物色彩(或自然界)来达到创新的方法。如现代士兵所穿的"迷彩服"就是模仿了自然界的河流、树木、草地等交叉的颜色而创新出来的。

其他仿生法在技术和设计中的应用,见表 4.1。

表 4.1 借助生物进行发明创造的事例

生 物 界	对应仿生创新的产品
蚊子	测向器
萤火虫	冷光源
峰鸟	直升机
水母	风暴预警器
青蛙的眼睛	跟踪导弹的电子蛙眼
蛇的红外线定位器	夜视镜
企鹅	越野汽车
袋鼠	跳跃式极地汽车
鳄鱼眼泪	海水淡化器

2. 仿生的方式

仿生法已形成多种方式,如机械仿生、电子仿生、化学仿生、人体仿生、分子仿生、建筑仿生、宇宙仿生等。

例 4-11 适用于易燃易爆场所的生物冷光

在自然界中,有许多生物都能发光,如细菌、真菌、蠕虫、软体动物、甲壳动物、昆虫和鱼类等,而且这些动物发出的光都不产生热,又称为冷光。在众多的发光动物中,萤火虫是其中的一类。萤火虫约有 1500 种,它们发出的冷光的颜色有黄绿色、橙色,光的亮度也各不相同。萤火虫发出冷光不仅具有很高的发光效率,而且发出的冷光一般都很柔和,很适合人类的眼睛,光的强度也比较高。因此,生物光是一种人类理想的光源。

科学家研究发现,萤火虫的发光器位于腹部,这个发光器由发光层、透明层和反射层三部分组成。发光层拥有几千个发光细胞,它们都含有荧光素和荧光酶两种物质。在荧光酶的作用下,荧光素在细胞内水分的参与下,与氧化合便发出荧光。萤火虫的发光,实质上是把化学能转变成光能的过程。

科学家已从萤火虫的发光器中分离出了纯荧光素,后来又分离出了荧光酶,接着,又用化学方法人工合成了荧光素。由荧光素、荧光酶、三磷酸腺苷和水混合而成的生物光源,可在煤矿(作业场所充满了易爆性气体——瓦斯)井下作闪光灯,可避免常用的电器件漏电,火花所造成的瓦斯爆炸。此外,由于这种光没有电源,不会产生磁场,因而可以在生物光源的照明下,做清除磁性水雷等工作。

现在,人们已能用掺和某些化学物质的方法得到类似生物光的冷光,作为安全照明用。

4.2 智力创新法

4.2.1 智暴法

智暴法指抓住瞬间的灵感或潜意识流而得到新思维、新设计和新方法的一种技法。这些想法有时可能新奇古怪、五花八门,但他们却具有打破常规的、创造性的特点。抓住瞬时的"灵感"或"顿悟"等一闪念,就有可能找到解决问题的方法。

但"灵感一闪"的例子,它可能对人们的创新素质要求较高,第一你要有天赋,是一个聪明的人;第二你可能要有资质,要有很多经验的积累。如果你真要教会一个人去创新时,他如果没有这么多的经验积累,或者他没有这么高的天赋,这种灵光一闪的东西,对心智经验过于强调的话,是较难传承的。

4.2.2 头脑风暴法

头脑风暴法是美国创造学家奥斯本(A. F. Osborn)最早提出来的,是一种激发群体智慧的方法,目前已有了多种形式的变种技法。其基本方法是:针对一个既定的目标,召集有关专家开会,会议人数一般5~10人,会议时间一般为一个小时。与会人员围绕某一课题,自由发言,相互启发、激励,思路越新越好,取长补短,引起创造性设想的连锁反应,提供更多的创造性成果。这种方法特别适用在短时间内讨论较专业的创造项目。但由于会议代表有一定的局限性,意见往往被权威人士所左右,有时会出现一种意见压制另一种意见的情况。

头脑风暴法会议原则

(1) 自由畅想原则　　要求与会者自由畅谈。

(2) 延迟评判原则　　对别人提出的任何设想,即使是幼稚的、错误的、荒诞的都不要批评。这一原则也要求与会者不能进行肯定的判断。

(3) 谋求数量原则　　会议强调在有限时间内提出设想的数量越多越好。

(4) 综合改善原则　　会议鼓励与会者用别人的设想开拓自己的思路,提出更新奇的设想,或是补充他人的设想,或是将他人若干设想综合起来提出新的设想。

例 4-12　未来的电风扇

中国机械冶金工会举办的一次合理化建议和技术革新工作研讨班,运用奥斯本智力激励法思考"未来的电风扇"。36人在半小时内提出173条新设想,其中典型的设想有:理疗电扇,全遥控电扇,智能式电扇,驱蚊虫电扇,激光幻影式电扇,催眠电扇,带负离子发生器的电扇,变形金刚式电扇,熊猫型儿童电扇,老寿星电扇,解忧愁录音电扇,恋爱气氛电扇,去潮湿电扇,衣服烘干电扇,美容电扇,木叶片仿自然风电扇,解酒电扇,吸尘电扇,袖珍电扇,太阳能电扇,床头电扇,台灯电扇等。

例 4-13 新设想——直升机扇雪

有一年,美国北方格外严寒,大雪纷飞,电线上积满冰雪,大跨度的电线常被积雪压断,严重影响通信。过去,许多人试图解决这一问题,但都未能如愿以偿。后来,电信公司经理应用奥斯本发明的头脑风暴法,尝试解决这一难题。召开了"头脑风暴"座谈会,参加会议的是不同专业的技术人员,要求他们遵守以下原则。

(1) 自由思考 即要求与会者尽可能解放思想,无拘无束地思考问题并畅所欲言,不必顾虑自己的想法或说法是否荒唐可笑等。

(2) 延迟评判 即要求与会者在会上不要对他人的设想评头论足,不要发表这主意好、那想法太离谱了等之类的扼杀句,至于对设想的评判,留在会后组织专人考虑。

(3) 以量求质 即鼓励与会者尽可能多而广地提出设想,以大量的设想来保证质量较高的设想的存在。

(4) 结合改善 鼓励与会者积极进行智力互补,在增加自己提出设想的同时,注意思考如何把两个或更多的设想结合成另一个更完善的设想。

按照这种会议规则,有人提出设计一种专用的电线清雪机;有人想到用电热来化解冰雪;也有人建议用振荡技术来清除积雪;还有人提出能否带上几把大扫帚,乘坐直升机去扫电线上的积雪。对于这种"坐飞机扫雪"的设想,大家心里尽管觉得滑稽可笑,但在会上也无人提出批评。相反,有一工程师在百思不得其解时,听到用飞机扫雪的想法后,大脑突然受到启发,一种简单可行且高效率的清雪方法冒了出来。他想,每当大雪过后,出动直升机沿积雪严重的电线飞行,依靠高速旋转的螺旋桨即可将电线上的积雪迅速扇落。他马上提出"用直升机扇雪"的新设想,顿时又引起其他与会者的联想,有关用飞机除雪的主意一下子又多了七八条。不到一小时,与会的 10 名技术人员共提出 90 多条新设想。

会后,公司组织专家对设想进行分类论证。专家们认为设计专用清雪机,采用电热或电磁振荡等方法清除电线上的积雪,在技术上虽然可行,但研制费用大、周期长,一时难以见效。那种因"坐飞机扫雪"激发出来的几种设想,倒是一种大胆的新方案,如果可行,将是一种既简单又高效的好办法。经过现场试验,发现用直升机扇雪真能奏效,一个久悬未决的难题,终于在头脑风暴会中得到了巧妙地解决。

4.2.3 德尔菲法

德尔菲法(Delphi Method)是在 20 世纪 40 年代由 O. 赫尔姆和 N. 达尔克首创,经过 T. J. 戈尔登和兰德公司进一步发展而成的。"德尔菲"这一名称起源于古希腊有关太阳神阿波罗的神话,传说中阿波罗具有预见未来的能力,因此,这种预测方法被命名为德尔菲法。

德尔菲法(或专家意见法),是依据系统的程序,采用匿名发表意见的方式,即团队成员之间不得互相讨论,不发生横向联系,只能与调查人员发生关系,以反馈填写问卷,以集结问卷填写人的共识及搜集各方意见,可用来构造团队沟通流程,进而获得较好预测和决策。

1. 德尔菲法的基本特征

德尔菲法本质上是一种反馈匿名函询法。

2. 德尔菲法的工作程序

其做法是：在对所要预测的问题征得专家的意见之后，进行整理、归纳、统计，再匿名反馈给各专家，再次征求意见，再集中，再反馈，直至得到稳定的意见。其过程可表示如下：

匿名征求专家意见——归纳、统计——匿名反馈——归纳、统计——……若干轮后，得出方案。

总之，它是一种利用函询形式的集体匿名思想交流过程。它区别于其他专家预测方法的三个明显的特点是：匿名性、多次反馈、小组的统计回答。

德尔菲法克服了专家会议的缺陷，相互之间不会妨碍，消除了心理因素的影响，专家有时间充分考虑，便于各种看法的充分发挥，统计整理也可以定量进行，经过几次反馈可激发并集中专家智慧的作用，引射出更多、更好的创新方案。

目前，德尔菲法主要用于预测、决策分析和编制规划工作方面。

4.2.4 提问法

提问法是通过提问发现原产品在设计、制造、性能、销售等方面的缺陷，找出需要和应该改进之处，从而开发出性能更优的新产品。

1. 阿诺德提问法

阿诺德(Arnold)是美国斯坦福大学设计部门的创始人，这种提问法是根据产品设计过程，提出问题检验表：

(1) 增加功能　在原有基础上能增加新的功能吗？
(2) 提高性能　在耐用、可靠、维修等方面能否有新的改善？
(3) 降低成本　能否减少多余零件，更换质优价廉的材料，采用新工艺，降低成本吗？
(4) 增加销售　对产品特点、包装设计等是否作了研究？

此外，也采用检核表来进行设问型创新。

所谓检核表，是人们在考虑某一问题时，为了避免疏漏，把想到的重要内容扼要地记录下来制成的表格，以便于以后对每项内容逐个进行检查。奥斯本检核表见表4.2。

表 4.2 奥斯本检核表

序号	检核项目	新设想名称	新设想概述
1	能否扩大		
2	能否缩小		
3	能否改变		
4	能否调整		
5	能否代用		
6	能否颠倒		
7	能否组合		
8	能否借用		
9	有无其他用途		

例 4-14 自行车创新检核表见表 4.3。

表 4.3 自行车创新检核表

检核项目	新设想名称	新设想概述
加一加	自行车反光镜	在自行车龙头上安装折叠式反光镜,可以像摩托车一样看到后面的情况,提高安全性
减一减	无链条自行车	取消链条,利用杠杆原理把踏脚由旋转运动改为上下运动
扩一扩	水陆两用自行车	在车两侧装上四个气囊,充足气后可以浮于水面,车后装一小型螺旋桨
缩一缩	折叠式自行车	折叠后缩小体积,便于拎上楼、乘地铁等
变一变	发条助力车	安装大型发条,在有电源的地方,接通电源就可上紧发条,骑车时放松发条可助力
改一改	龙头可转动自行车	使龙头可以转动 90°,若停车场自行车多时,转动车龙头就可拿出
拼一拼	多功能自行车	在农村可以用自行车抽水、自行车脱粒,安上自行车拖斗可以运输
学一学	电动式自行车	安装蓄电池或小电机
代一代	塑料自行车	用碳纤维塑料做成的车架取代原有的金属架,质量轻
搬一搬	家用健身自行车	用于老年人、残疾人在家锻炼身体
反一反	发电自行车	用自行车拖动小型发电机,在停电时,解决照明用电和野外小型用电
定一定	自动限速自行车	加上自动限速器,使自行车在弯道或下坡时不要超速行驶,增加安全性

阿诺德提问法可按下列方式进行训练:

(1) 现有的发明成果有无其他的用途?或稍加改变后有无新用途?如由于蒸汽熨斗可以清污,稍加改变就可发明蒸汽清洗机。

(2) 过去有无类似的东西?有无产品可供模仿?能否在现有的发明中引出其他创造性的设想?如泌尿科医生引入微爆破技术来消除肾结石。

(3) 现有发明能否改变形状、颜色、味道或制造方法等?如将平面镜的平面改作曲面,就发明了哈哈镜。

(4) 现有的东西能否扩大使用范围、增加功能、延长寿命?能否增添部件、增加长度、提高强度?如在牙膏中增加某些中药可以治疗口腔疾病。

(5) 能否将现有的东西缩小体积、减轻质量?能否省略一些部件,能否进一步细分?如袖珍式收音机和折叠伞的发明等。

(6) 能否用其他产品、材料和工艺方法替代原有的产品或发明?如人造大理石、人造丝来替代价格贵的原有材料;汽车中用气压传动代替齿轮传动等。

(7) 能否将现有的发明更换一下型号或更换一下顺序?如将飞机的螺旋桨位置从头部移到顶部就发明了直升机。

(8) 能否将现有的产品、发明或工艺方法颠倒一下?如将大炮的向上发射改为向下发射,就发明了打桩机。

(9) 能否将几种发明或产品组合在一起?如设计组合机床、联合收割机等,研发复合材料等。

2. 5W2H 法

"5W"是"What、Who、When、Where、Why"五个英文字母的词头,即"何事、何人、何时、何地、何因";"2H"即"How、How much",就是"怎样做、需要花费多少钱"。

5W2H 法是第二次世界大战中美国陆军兵器修理部首创的。简单、方便,易于理解、使用,富有启发意义,现广泛用于企业管理和技术活动中。针对需要解决的问题,可按表 4.4 进行发问,层层分解,从中启发创新构思。

表 4.4 5W2H 法

项 目	现 状	理 由	发 问	改 善
对象(what)	生产什么	为什么生产它	可否生产别的	到底应该生产什么
目的(why)	什么目的	为什么是这个目的	应该是什么目的	怎样达到这个目的
场所(where)	在哪儿干	为什么在那里做	可否在别处做	应该在哪儿干
时间(when)	何时干	为什么在这时做	可否在别的时间做	应该在什么时间干
执行者(who)	谁来干	为什么是他干	可否由别人做	应该是谁干
手段(how)	怎么干	为什么那样干	是否有其他方法	应该怎么干
数量(how much)	生产多少	为什么要做这么多	批量、成本能否改变	应该生产多少

在发明创造中,对问题不敏感,看不出毛病是与平时不善于提问有密切关系的。对一个问题刨根问底,有可能发现新的知识和新的疑问。所以从根本上说,学会发明首先要学会提问,善于提问。阻碍提问的因素,一是怕提问多,被别人看成什么也不懂的傻瓜;二是随着年龄和知识的增长,提问欲望渐渐淡薄。如果提问得不到答复和鼓励,反而遭人讥讽,结果在人的潜意识中就形成了这种看法:好提问、好挑毛病的人是扰乱别人的讨厌鬼,最好紧闭嘴唇,不看、不闻、不问,但是这恰恰阻碍了人们创造性的发挥。

例 4-15 以深圳市的铭锋达精密技术有限公司项目生产导入与实施为例,学习"5W2H"在工厂管理中的应用。

该企业决定于 2001 年 6 月份为国内知名企业 TCL 手机事业部提供配套的手机外壳生产及服务,就此需要在企业原有的基础上进行扩大生产及资金投入,那么到底是否需要建立该公司的手机壳事业部呢?采用"5W2H"进行设问。

(1) What 众所周知,TCL 作为国内的知名家用电器生产厂商之一,如果能成为其手机外壳生产供应链中的一员,对于企业的发展而言同样是一种机遇,同时还可以捆绑提供连接器的生产服务。此外还可以争取"康佳"、"华为"、"科健"等知名品牌手机的生产配套供应商资格。

(2) Why 设立该事业部的主要原因,是为了扩大通信及电脑外部设备配套产品连接器的生产,使其在同行业竞争中通过知名企业的品牌效应争取更多的上游高端客源,同时在整个手机壳配套供应商当中争取生产份额配置,通过手机壳的生产同时准备争取与手机配套的按键的生产份额。

(3) Where 对于铭锋达公司而言,如果扩大生产成立手机壳事业部,在原有的企业基础规模上只是内部的各个生产部分需要增加。原有的工模部、注塑部、喷涂部、采购部、装配部、项目部、营销部、仓库等部门只需要一分为二,适当地扩编就可以完成该手机事业部的组织工作。

(4) When 在初期与TCL的接洽中所了解的信息,TCL方面为了适应当时的2002年国庆节的黄金周售销需求,将开发多款新型手机投放市场,从中低端到高端的产品都有。为了满足该黄金周的生产供应需求,对于铭锋达的项目导入提前期需要在2001年8月开始完成相应的配套准备工作,故相应的前期筹建工作应从该年的6月份开始投入准备及策划。

(5) Who 在外部的对象方面主要定位于国内的知名品牌手机生产制造商,内部的人员在原有的基础上通过扩编的方式来设立手机壳事业部,同时需要招聘一名当时康佳手机壳事业部的生产副总到铭锋达,负责组建手机壳事业部的工作。由于生产供应链的需要,在香港设立一名原材料采购主管来执行海外机器设备及原材料的采购工作。

(6) How 为配合整个手机壳事业部的筹建工作,在原有的基础上抽调一部分骨干力量对其进行行业培训,并与TCL方面就人员的业务培训工作达成协议。更新注塑机、模具加工精密设备、自动喷涂设备,增加装配生产线,扩大仓储面积,招聘部分专业人员,更新无尘生产车间,设立手机壳市场部。申请ISO 9001:2000质量体系认证,导入ERP系统等一系列的内部整改措施,以提高企业的管理水平,适应客户的生产服务需求。

(7) How much 在人员配置方面,手机壳事业部的人员编制为500人,其中对项目部的人员编制要求为80%以上的大专/本科生,配置一名手机壳事业部副总,各部设立一名手机壳部门经理。在机器配置方面,更新30台注塑机器,2台精密加工中心,4台数控线割机,6台精密火花机以及更新现有的车床、铣床,添置1条自动喷涂线。初期月生产目标为20万套,生产不良率定位为5%,交货准时率为98%,前期的资金投入为4000万,中期视同类客户发展增加投资额为2000万。

4.3 组合、分解创造法

组合创造法是指将两种或两种以上的理论、技术或产品的一部分功能结构进行适当的叠加、重组、整合,以形成新学说、新技术或新产品的发明创造方法。在发明创造领域,组合原理有着广阔的用武之地。在大学生的发明创造活动中,它是应用最多、效果也最好的发明创造方法之一。

4.3.1 组合法

组合法就是按照一定的技术需要,将两个以上的技术因素组合起来,获得有创新性的技术产物的方法。其技术因素包括相对独立的技术手段、工艺方法、技术原理、动力形式、材料等,组合法的类型如下所述。

1. 元件组合

元件组合就是把原本不是一体上的两种事物以适当的方式安排在一体上,使其具有新的作用。如运动鞋与电子计数器组合,就出现了自动计算行走里程的新产品,这既不是原来跑鞋的作用,也不是普通计算器的作用。

2. 原理组合

原理组合就是将两种以上被分别使用的技术原理组合成新的复合技术系统。如日本的钢铁工业技术,就是将氧气顶吹炼钢技术、高炉高温高压技术、炼钢脱氧技术、连续铸钢技术和带钢轧制技术等组合而成的。

3. 性能组合

性能组合就是对产品在使用中的优缺点进行分析,将若干个产品的优良性能组合起来。如铁芯铜线电缆就是对铜线和铁线优缺点分析、组合制成的。

4. 方法组合

方法组合就是把两种以上独立的方法组合起来,以在生产和处理技术问题时达到创新的目的。如单独使用激光或超声波来杀灭水中的有害细菌时,都只能杀伤其中的一部分;如果先后使用这两种方法处理,仍有一部分细菌活下来;但是如果把这两种方法组合起来,同时使用,则可将细菌全部消灭。

5. 功能组合

功能组合就是将具有不同功能的技术手段或产品组合到一起,形成多功能的技术系统。如图4.10所示的小件维修工具组合套件,就是将刀、剪、锉、钳、锯、量尺等功能集中起来组合而成。

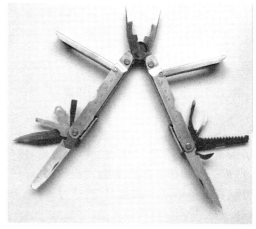

图 4.10　维修工具组合套件

6. 模块组合

模块组合就是把产品看成是由若干个模块的有机组合,按照一定的技术要求,选择相应的模块加以组合,可得到多种设计方案。

例 4-16　组合夹具

这是机械加工中根据被加工工件的工艺要求,利用一套标准化的夹具元件进行组合而成的夹具。组合夹具既可以组装成专用夹具,也可以组装成具有一定柔性的可调整夹具,灵活多变,大大减少了类似夹具的重复设计和制造,既节约成本又提高夹具的利用率,图4.11为一种孔系组合夹具的外观三维图。

例 4-17 多功能小机床

图 4.12 所示的多功能小机床就是由仪表车床、台钻等组合而成的,因其功能多、价格便宜而在家庭作坊式的小企业得到广泛的应用。组合后的多功能小机床在结构实现"1+1<2"的目标;在性能上却可达到"1+1>2"的功能要求。

同类组合的案例举不胜举,其他的如双人自行车、双体船、多排链、情侣伞、多色圆珠笔等。

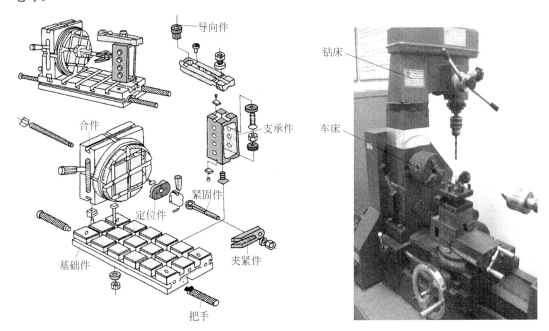

图 4.11　孔系组合夹具外观三维图　　　图 4.12　多功能小机床

4.3.2　分解法

分解法是指将一个整体事物进行分解后,使分解出来的那部分经过改进完善,成为单独的物体,形成一个新产品或新事物。例如,普通的螺丝刀,刀把、刀头是固定的,遇到不同规格的螺钉就要准备不同的螺丝刀,通过分解,把刀把、刀头分开,分别做了改造,就发明出多用活动螺丝刀。

1. 技法原理

分解法和组合法虽然是不同的创造技法,但是,以现有事物的功能为前提,以改变功能为目的,完善旧观念、增添新功能、开发新产品是这两种创造技法的同一目标。组合作为一种创造技法早就引起人们的注意,并在创新实践中得到广泛应用。而分解法却长期被人们忽视,许多人至今对这一创造技法感到陌生。创造的实践告诉我们:分解一件事物的创新比组合两个或三个以上事物的创新更艰难,然而,一旦掌握了分解创新的理论与方法,就能化难为易。

2. 分类

按照分解前后的功能对比,可以将分解法分成两类。

（1）原功用分解　将某个整体分成若干部分或分出某一部分作为一个新整体时，其功能结构同整体时的功能目的一样，这样的分解创新即为原功用分解。虽然原功用分解的功能目的、功能结构基本不变，但由于经过分解，功能的性能、效果、表现形式、载体、代价、收买、意义等发生了变化，就可能产生新的价值。例如，地毯在使用过程中有不便于清洗、不便于更换、花色花样单调等缺点，有人把地毯化整为零，可以任意组合，使得清洗和更换十分方便，且可以随心所欲地进行拼装。

（2）变功用分解　将某个整体分成若干部分或分出某一部分作为一个新整体和新的组合整体时，结构基本不变，而功能却不同于整体原来的功能，这样的分解创新即为变功用分解。变功用分解创新，追求的是功能的变化。例如，将自行车进行分解成为独轮自行车，虽然其外观结构变化不大，但是其功能目的发生了变化，其用途不再是代步，而成为杂技表演的道具使用了。

3. 运用要点

分解创新的首要环节是选择和确定分解的对象。分解的对象与组合的对象不同，分解创新的对象只是一个事物。经过分解创新，该事物的局部结构或局部功能产生脱离整体的变化。分解的对象绝不是把组合创新的成果再分离成组合前的状况。对于任何一个整体，只要能分解成异于原先的状态，区别于原先的功能，或者分解出新的事物，就具有进行分解创新的意义和价值。可见，分解创新不仅是创新技法，也是认识事物的方法。通过分解事物，可以使人们深入到事物内部，进行系统的观察与周密的思考。在分解过程中，接触事物各层次的结构、功能、分解各层次的结构，会看到很多巧妙结构，学到许多结构设计的方法。

例 4-18　手套的分解技法

手套是非常简单的日常用品，将手套再分解能得到什么呢？镇江市的一位工程师把普通的白手套的指套部分剪去，再在手套的背面印上五笔字型的指法和字根规则，如图 4.13 所示，成为五笔字型智能手套，并获得专利。这样，初学者戴上这手套上机就十分方便了，忘记了五笔字型规则看一下手套的指法部位就行了。

西安有一位大学教师与其相反，把手套的指套部分分解出来，成为单独的产品——卫生指套，用无菌塑

图 4.13　五笔字型智能手套

料薄膜做成的指套附在食品包装中，在吃食物前将指套套上手指，以防手指上的细菌污染食品，特别适合旅行时使用，也获得了专利。

4.3.3　形态矩阵法

把一个复杂的问题，按照影响的几个独立因素，进行分解（如按形状分解、材料分解、颜色分解等），成为目标标记；用图解法将参量各个因素进行排列组合，找出每一个参量的一切组合状态，即解法或称为目标特征；将目标标记与各自相应的目标特征构成形态学矩阵，如表 4.5 所示。这样可以得到许多不同的产品构造方案，找出最优组合，就可以迅速提高创新水平。

表 4.5 形态学矩阵

目标标记	目标特征				
	A_1	A_2	A_3	…	A_n
X_1	P_{11}	P_{12}	P_{13}	…	P_{1n}
X_2	P_{21}	P_{22}	P_{23}	…	P_{2n}
X_3	P_{31}	P_{32}	P_{33}	…	P_{3n}
…	…	…	…	…	…
X_m	P_{m1}	P_{m2}	P_{m3}	…	P_{mn}

例 4-19 挖掘机方案的形态学矩阵

以工程机械设计为例,说明形态学矩阵在挖掘机方案创新上的应用。

(1) 对挖掘机总功能进行分解,得出功能树如图 4.14 所示。

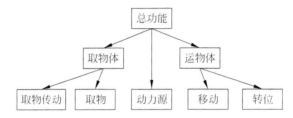

图 4.14 功能树图

(2) 利用发散思维,列出各功能元的解。

(3) 挖掘机系统的形态学矩阵如表 4.6 所示。

表 4.6 挖掘机形态学矩阵

功能元	原理解						解法数
	A_1	A_2	A_3	A_4	A_5	A_6	
取物传动	拉杆	绳传动	汽缸传动	液压传动			$n_1=4$
取物	挖斗	抓斗	钳式斗				$n_2=3$
动力源	电动机	汽油机	柴油机	汽轮机	液压马达	气动马达	$n_3=6$
移动	齿轮传动	涡轮传动	带传动	链传动	液力耦合器		$n_4=5$
转位	轨道	轮胎	履带	气垫			$n_5=3$

(4) 方案数 该矩阵的原理解可组合的方案数为

$$N = n_1 \times n_2 \times n_3 \times n_4 \times n_5 = 4 \times 3 \times 6 \times 5 \times 3 = 1440 \text{ 个}$$

4.4 信息传媒创造法

信息传媒创造法是指通过收集信息、分析信息获取创新目标或方案思路等,从而得出发明的方法。运用信息传媒法进行发明、创新,有时能达到事半功倍的效果。试考虑为什么蒸汽机从发明到应用花了 80 年的时间、无线电用了 35 年、电视机用了 12 年,而集成电路用了 3 年、激光器发明后半年左右就投入生产应用？这就是因为现代的发明一般都是借鉴或建立在前人研究或成果的基础上而获得成功的。大科学家牛顿亦自称,自己是"站在巨人的肩上"才获得成功的。

科学技术是在继承与突破中不断发展的,而信息的利用就是了解与继承前人经验、成果的有效渠道和桥梁。科技信息主要来源于科技文献,特别是学术论文和专利文献等。充分利用这些信息,可以使自己的创造发明少走甚至不走弯路,避免出现辛辛苦苦花了很多时间,好不容易研究出的东西竟是别人早已发明或获得了的专利这种尴尬现象。要搞发明创造,既要充分利用有效的信息为己服务,又不能受其束缚,要善于"取其精华为我所用",触类旁通,进而创造出属于自己的新发明成果。

21 世纪是信息时代,现在获取创造发明信息的来源广泛,可来自期刊、网络、电视、广播和有关文献等,如万方数据资源系统、中国期刊网(CNKI)、中国知识产权网、netlibrary 电子书、EBSCO 数据库、Springer-Link 电子期刊、biomedcentral 电子期刊、EI 工程索引等;也可来自各种学术会议,新产品发布会,博览会,以及参观、交流、访问等。

4.4.1 综合信息进行创造

综合各方面的信息可以造就发明,如日本本田摩托车在其研制过程中综合了全世界近百种发动机的优点,取长补短,最终研制出性能十分优越的丰田摩托车发动机,使其成为风靡全球的知名品牌。

获取信息并非是唯一手段,还必须在现有信息的基础上灵活运用移植、替代、组合、列举、还原、群智、联想等多种发明方法进行创造性思维,才能获得更多的、更好的发明成果。

图 4.15 所示的是一个很有创意的厨具新产品——手指防切器,它就是综合厨卫信息进行再发明的产物。

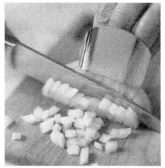

图 4.15　手指防切器

4.4.2　专利利用法

专利利用法是指发现原有专利的缺陷,通过研究和改进,有了新的创造和发明的方法。爱迪生发明了电灯、留声机、电话、电影、电报机、发电机、蓄电池、打字机、磁铁矿分离机、压力表等,据不完全统计,自 1869 年发明第一台自动数票机至 1910 年,他每隔 11 天就有 1 项发明。那么他神奇的秘诀是什么呢？答案是：他善于利用原有的专利产品。

1. 专利知识

专利是专利法中最基本的概念。社会上对它的认识一般有三种含义：一是指专利权；二是指受到专利法保护的发明创造；三是指专利文献，但人们习惯上所说的专利主要是指专利权。

1）谁有权申请专利并取得专利

我国专利法把发明创造分为职务发明创造和非职务发明创造两类。依据专利法及其实施细则的规定，在下列情况下完成的发明创造都是职务发明创造：

（1）发明人在本职工作中完成的发明创造；

（2）履行本单位交付的本职工作之外的任务所完成的发明创造；

（3）主要利用本单位的物质条件（包括资金、设备、零部件、材料或者不向外公开的技术资料等）完成的发明创造；

（4）退职、退休或者调动工作一年内做出的与其在原单位承担的本职工作或者分配的任务有关的发明创造。

上述情况以外做出的发明创造是非职务发明创造。

我国专利法依据发明创造的不同性质规定在我国有权申请并取得专利的主要有以下几种人和单位。

（1）发明人、设计人

对于非职务发明创造，我国的发明人、设计人不限年龄、性别、职业、政治面貌、健康状况以及居住地，只要有正常的行为能力都有权申请专利，并取得专利权。

（2）发明人、设计人所属单位

对于职务发明创造，专利申请权属于发明人、设计人所属的单位。专利批准以后，全民所有制单位申请的，专利权归该单位持有；非全民所有制单位申请的，专利权归该单位所有。两个以上单位协同或者一个单位接受其他单位委托所完成的发明创造，除另有协议外，申请权属完成或共同完成的单位，专利权归该申请单位持有或所有。

（3）申请权的合法继受人或继受单位

专利法规定申请权和专利权可以转让。有权申请的人和单位可以根据自己的意愿将专利申请权转让给第三者。但全民所有制单位转让专利申请权的，应经国务院主管部门批准。我国专利法还规定，申请人就相同的发明创造申请专利时，专利权授予最先提出申请的申请人。

2）什么样的发明创造可以申请专利

我国专利法保护发明、实用新型和外观设计三种发明创造。发明是指对产品、方法或者其改进所提出的新的技术方案；实用新型是指产品的形状、构造或者其结合所提出的适于实用的新的技术方案；外观设计是指对产品的形状、图案、色彩或者其结合所做出的富有美感并适于工业上应用的新设计。

专利法所保护的发明创造有其特定的含义。发明和实用新型专利只保护技术领域的发明创造，即只保护技术方案，对于纯粹的科学理论、教学方法、计算机方法、人为的规则等都不能申请专利。专利法规定：发明专利可以分为产品发明专利和方法发明专利两大类。产品是指一切以物质形式出现的发明，例如机器、仪表、工具及其零部件的发明，新材料、新物质的发明。方法是指一切以程序和过程形式出现的发明，如产品的制造加工工艺，材料的测试、化验方法,产品的使用方法的发明。实用新型专利不保护方法发明,它的保护对象只限于产品发明中的一部分,即具有一定形状或结构的产品。外观设计保护的是产品的外形特征。这种外形特征必须通过具体的产品来体现,并且可以用工业的方法生产和复制具有这种外形特征的产品。这种外形的特征可以是产品的主体造型,也可以是产品的表面图案,或者是两者的结合,但不能是一种脱离具体产品的图案或图形设计。

3) 专利文献

专利文献是指发明人向专利局申请专利时写的专利说明书等。按照专利法的规定,发明人必须在说明书中将发明技术公开。据统计,目前全世界每年发明的新技术中,90%~95%是发表在专利文献上,其余发表在技术刊物中。因此,利用专利文献进行发明创造,是发明的一条重要途径,并且已引起了越来越多的人的重视。

对于从事发明的人来说,专利文献具有新颖、及时、详细、完整等特点。由于大多数国家的专利法都规定了先申请制(即专利局向最先提出申请的人授予专利权),因而发明人总是抢先提出申请,以免丧失获得专利的机会。据估计,专利文献公开的发明要比其他文献早数年。这对于预测有关科学技术的动向和水平有很大的参考价值。专利文献的第二个特点是详细、完整。这是因为按照专利法的规定,专利说明书及其附图必须清晰、完整和具体,并能使所属技术领域的普通专业人员能够实施为准。从实用性来看,专利文献比其他科技文献更详细、完整。另外,专利文献包含的技术领域广、数量大,从简单的小改革到高、精、尖的发明都有。专利文献是从事发明的重要宝库,不少人采用调查、综合、分析专利文献等方法,使自己的发明获得了成功。

在查阅专利文献的基础上创制发明新产品也是一种很好的发明技法。1938年,匈牙利人拜罗和他的弟弟申请了圆珠笔的专利,第二次世界大战期间开始在阿根廷正式生产。美国人雷诺兹从专利文献中得到了这个情报,1945年,他设法弄到一支这样的圆珠笔回到美国。雷诺兹断定,圆珠笔将有一定的销路。为此,他极力想制造出一种新的圆珠笔,但又不能同拜罗的专利相冲突。最后,在专利律师的帮助下,雷诺兹终于试制出一种新型的圆珠笔,这种圆珠笔畅销世界,销售量远远超过了拜罗的圆珠笔。

任何一项发明首先必须是新颖的,因此发明人总希望自己的研究成果是独创的,而不是重复他人的劳动。为此,就要查阅文献。由于文献数量很大,不可能都查阅,按照"国际专利合作条约"规定的最低限度文献范围,应查阅1920年以后的美国、日本、德国、英国、法国、苏联、瑞士七国以及欧洲专利局、国际专利局等专利组织出版的专利。

2. 利用专利文献进行发明的途径

1) 查找专利文献发现新课题

查找专利文献可以得到启示,发现有待于研究的新课题。另外,在初步定下发明对象后,也可以从专利文献中寻找借鉴,以进一步明确需要解决的任务。以电灯的发明为例,英国有个自学成才的业余科学家叫斯旺,早年曾在某药剂师手下当学徒,只是利用业余时间学文化。1845年,他得到一份斯塔尔关于电灯专利的文章,读后便开始研究如何制造出来这种白炽灯。1860年终于制造出世界上第一盏碳化灯丝的灯泡,但实用价值不高。不久,爱迪生制成了有实用价值的白炽灯。他是在阅读了斯旺发表在美国《科学美国人》杂志上的文章得到启示后,才研制成功的。这种通过调查专利文献,选择发明目标,从中寻求启示,促进发明创造获得成功的例子是很多的。

2) 综合专利成果进行创造发明

在实际创造发明活动中,有时仅凭一篇专利文献,还不能解决创造发明中的问题,还需要综合一定数量的专利文献来进行创造发明。例如,日本的丰田佐吉在为自己的企业寻找出路的时候,订阅了全部类别的专利文献,他综合了几个专利成果,找到了发明自动织布机的研究课题,不久便研制出了优良的自动织布机。当时以纺织工业著称于世的英国对此大吃一惊,并向丰田佐吉购买了自动织布机的专利。

3) 寻找专利空隙进行创造发明

通过对众多专利的研究,不仅可以寻找到许多成功发明的脉络,也可以找到许多失败技术的脉络,还可以找到潜在的、经过努力可望成功的技术的脉络。通过对这些脉络的调查,可以进一步发现成功与失败的原因在哪里?要使现在专利实用化的关键何在?可见,研究发明的脉络也是一种有效的发明方法。这种方法,可以说是一种寻找现有专利的知识空隙的发明方法,具体步骤如下:

(1) 确定初始课题;

(2) 专利文献调查;

(3) 评价;

(4) 找出专利文献的知识空隙(如被忽视的现象、未引起人们注意的问题、文献缺乏的新知识等);

(5) 增加新知识;

(6) 制定正式课题。

例如,美国的发明家卡尔森看到普通的复写文件要花费大量的劳动,于是就想发明复印机,但是,他的几次实验都以失败而告终。为了保证研究工作的顺利开展,他在三四年的时间里,将大部分业余时间用在查阅专利文献上。通过对查出文献的分析,卡尔森发现,前人的研究都是采用化学方法,并未利用过物理效应。他根据专利文献中存在的这一知识空隙,发明了一种完全干式的复印技术,这种新方法运用了光导电性和静电学相结合的原理。

4.5 其他创造方法

据不完全统计,从奥斯本创立第一种创造技法"智力激励法(Brain Storming)"到现在全世界有资料查询的各种发明创造实用方法有360多种。除了上面所讲述的主要创造方法外,还有许多其他常用的创造发明方法,如戈登法、卡片式智力激励法(CBS法、NBS法)、联想法、价值分析法、资源合理利用法、废弃物再利用法、扩展法、技术反转法、质量补偿法、形式发明法、中介法、偶然发现法、挖掘潜力法、需要发明法、触类旁通法、分析借鉴法、扩展用途法等。

这些创造技法多是发明者(研究者)根据自己的实践经验和研究方法总结出来的,各种技法之间彼此可能重复,存在界限不明显的情况;各种技法之间也不存在科学的逻辑关系,没有一个公认的标准,难以形成统一的、科学的理论体系,因此,期望读者能领会其精神,触类旁通,灵活应用。

附录 A 专利申请文件撰写示例

下面为实用新型申请撰写示例(说明书)。

1. 说明书(撰写示例)

试 电 笔

注释：示例中中括号"[ ]"里的内容仅为撰写说明，不属于申请文件的内容。

[实用新型名称应简明、准确地表明实用新型专利请求保护的主题。名称中不应含有非技术性词语，不得使用商标、型号、人名、地名或商品名称等。名称应与请求书中的名称完全一致，不得超过25个字，应写在说明书首页正文部分的上方居中位置。]

[依据专利法第二十六条第三款及专利法实施细则第十八条的规定，说明书应对实用新型做出清楚、完整的说明，使所属技术领域的技术人员，不需要创造性的劳动就能够再现实用新型的技术方案，解决其技术问题，并产生预期的技术效果。说明书应按以下五个部分顺序撰写：所属技术领域、背景技术、发明内容、附图说明、具体实施方式，并在每一部分前面写明标题。]

1) 所属技术领域

本实用新型涉及一种指示电压存在的试电装置，尤其是能识别安全和危险电压的试电笔。

[所属技术领域：应指出本实用新型技术方案所属或直接应用的技术领域。]

2) 背景技术

目前，公知的试电笔构造是由测试触头、限流电阻、氖管、金属弹簧和手触电极串联而成。将测试触头与被测物接触，人手接触手触电极，当被测物相对大地具有较高电压时，氖管起辉，表示被测物带电。但是，很多电器的金属外壳不带有对人体有危险的触电电压，仅表示分布电容和/或正常的电阻感应产生电势，使氖管起辉。一般试电笔不能区分有危险的触电电压和无危险的感应电势，给检测漏电造成困难，容易造成错误判断。

[背景技术：是指对实用新型的理解、检索、审查有用的技术，可以引证反映这些背景技术的文件。背景技术是对最接近的现有技术的说明，它是做出实用技术新型技术方案的基础。此外，还要客观地指出背景技术中存在的问题和缺点，引证文献、资料的，应写明其出处。]

3) 发明内容

[发明内容：应包括实用新型所要解决的技术问题、解决其技术问题所采用的技术方案及其有益效果。]

为了克服现有的试电笔不能区分有危险的触电电压和无危险的感应电势的不足，本实用新型提供一种试电笔，该试电笔不仅能测出被测物是否带电，而且能方便地区分是危险的触电电压还是无危险的感应电势。

[要解决的技术问题：是指要解决的现有技术中存在的技术问题，应当针对现有技术存在的缺陷或不足，用简明、准确的语言写明实用新型所要解决的技术问题，也可以进一步说明其技术效果，但是不得采用广告式宣传用语。]

本实用新型解决其技术问题所采用的技术方案是：在绝缘外壳中，测试触头、限流电阻、氖管和手触电极电连接，设置一分流电阻支路，使测试触头与一个分流电阻一端电连接，分流电阻另一端与一个人体可接触的识别电极电连接。当人手同时接触识别电极和手触电极时，使分流电阻并联在测试触头、限流电阻、氖管、手触电极电路测试时，人手只和手触电极接触，氖管起辉，表示被测物带电。当人手同时接触手触电极和识别电极时，若被测物带有无危险高电势时，由于电势源内阻很大，从而大大降低了被测物的带电电位，则氖管不起辉，若被测物带有危险触电电压，因其内阻小，接入分流电阻几乎不降低被测物带电电位，则氖管保持起辉，达到能够区别安危电压的目的。

[技术方案：是申请人对其要解决的技术问题所采取的技术措施的集合。技术措施通常是由技术特征来体现的。技术方案应当清楚、完整地说明实用新型的形状、构造特征，说明技术方案是如何解决技术问题的，必要时应说明技术方案所依据的科学原理。撰写技术方案时，机械产品应描述必要零部件及其整体结构关系；涉及电路的产品，应描述电路的连接关系；机电结合的产品还应写明电路与机械部分的结合关系；涉及分布参数的申请时，应写明元器件的相互位置关系；涉及集成电路时，应清楚公开集成电路的型号、功能等。本例"试电笔"的构造特征包括机械构造及电路的连接关系，因此既要写明主要机械零部件及其整体结构的关系，又要写明电路的连接关系。技术方案不能仅描述原理、动作及各零部件的名称、功能或用途。]

本实用新型的有益效果是，可以在测试被测物是否带电的同时，方便地区分安危电压，分流支路中仅采用电阻元件，结构简单。

[有益效果：是实用新型和现有技术相比所具有的优点及积极效果，它是由技术特征直接带来的，或者是由技术特征产生的必然的技术效果。]

4）附图说明

[附图说明：应写明各附图的图名和图号，对各幅附图作简略说明，必要时可将附图中标号所示零部件名称列出。]

[说明书附图：应按照专利法实施细则第十九条的规定绘制。每一幅图应当用阿拉伯数字顺序编图号。附图中的标记应当与说明书中所述标记一致。有多幅附图时，各幅图中的同一零部件应使用相同的附图标记。附图中不应当含有中文注释，应使用制图工具按照制图规范绘制，图形线条为黑色，图上不得着色。]

5）具体实施方式

[具体实施方式：是实用新型优选的具体实施示例。具体实施方式应当对照附图对实用新型的形状、构造进行说明，实施方式应与技术方案相一致，并且应当对权利要求的技术特征给予详细说明，以支持权利要求。附图中的标号应写在相应的零部件名称之后，使所属技术领域的技术人员能够理解和实现，必要时说明其动作过程或者操作步骤。如果有多个实施示例，每个实施示例都必须与本实用新型所要解决的技术问题及其有益效果相一致。]

2. 权利要求书（撰写示例）

（1）一种试电笔。在绝缘外壳中，测试触头、限流电阻、氖管和手触电极顺序电连接，其特征是：测试触头与一个分流电阻一端电连接，分流电阻另一端与一个人体可接触的识别电极电连接。

［一项实用新型应当只有一个独立权利要求。独立权利要求应从整体上反映实用新型的技术方案,记载解决的技术问题的必要技术特征。独立权利要求应包括前序部分和特征部分。前序部分,写明要求保护的实用新型技术方案的主题名称及与其最接近的现有技术共有的必要技术特征。特征部分使用"其特征是"用语,写明实用新型区别于最接近的现有技术的技术特征,即实用新型为解决技术问题所不可缺少的技术特征。］

(2) 根据权利要求(1)所述的试电笔,其特征是:分流电阻与限流电阻是一个一体的同心电阻,同心电阻中间圆柱部分为限流电阻,其外部圆管部分为分流电阻,圆柱部分高于圆管部分;识别电极为环状弹性金属片,其边缘向中心伸出的接触爪卡住圆管状分流电阻外表面,其外边缘伸出并附于绝缘外壳外表面。

(3) 根据权利要求(1)所述的试电笔,其特征是分流电阻与限流电阻平行设置,其间为绝缘隔离层。

［从属权利要求(此例中权利要求(2)、(3)为从属权利要求)应当用附加的技术特征,对所引用的权利要求作进一步的限定。从属权利要求包括引用部分和限定部分。引用部分应写明所引用的权利要求编号及主题名称,该主题名称应与独立权利要求主题名称一致(此例中主题名称为"试电笔"),限定部分写明实用新型的附加技术特征。从属权利要求应按规定格式撰写,即"根据权利要求(引用的权利要求的编号)所述的(主题名称),其特征是……。"］

［依据专利法第二十六条第四款和专利法实施细则第二十条至第二十三条的规定,权利要求书应当以说明书为依据,说明要求保护的范围。权利要求书应使用与说明书一致或相似语句,从正面简洁、明了地写明要求保护的实用新型的形状、构造特征,如机械产品应描述主要零部件及其整体结构关系;涉及电路的产品,应描述电路的连接关系;机电结合的产品还应写明电路与机械部分的结合关系;涉及分布参数的申请,应写明元器件的相互位置关系;涉及集成电路,应清楚公开集成电路的型号、功能等。权利要求应尽量避免使用功能或者用途来限定实用新型;不得写入方法、用途及不属于实用新型专利保护的内容;应使用确定的技术用语,不得使用技术概念模糊的语句,如"等"、"大约"、"左右"、……;不应使用"如说明书……所述"或"如图……所示"等用语;首页正文前不加标题。每一项权利要求应由一句话构成,只允许在该项权利要求的结尾使用句号。权利要求中的技术特征可以引用附图中相应的标记,其标记应置于括号内。］

3. 说明书摘要(撰写示例)

一种能够识别安全和危险电压的试电笔。它是在绝缘外壳中,测试触头、限流电阻、氖管、手触电极顺序电连接,并加有一分流电阻支路,使分流电阻一端与测试触头电连接,另一端与识别电极电连接。人体仅与手触电极接触测试被测物是否带电,人体同时与手触电极、识别电极接触测试被测物是否带有危险电压。

［根据专利法实施细则第二十四条的规定,说明书摘要应写明实用新型的名称、技术方案的要点以及主要用途,尤其是写明实用新型主要的形状、构造特征(机械构造和/或电连接关系)。摘要全文不超过300字,不得使用商业性的宣传用语,并提交一幅从说明书附图中选出的附图作摘要附图。］

附录 B　专利申请程序

首先要了解哪些科技创新可以申请专利,需搞清楚以下领域:
(1) 科技创新是否属于专利意义上的技术领域;
(2) 科技创新是否属于可专利的技术领域;
(3) 属于可专利技术领域的技术创新是否满足一定的社会条件;
(4) 科技创新是否能够成发明创造。

不属于技术领域的一些科技创新有:
(1) 经济领域的技术创新;
(2) 科学发现;
(3) 科学理论;
(4) 物质的性能。

专利法规定下列技术领域是不可专利的技术领域,如:
(1) 用原子核变换法所获得的物质;
(2) 动物和植物品种;
(3) 疾病的诊断和治疗方法。
① 诊断方法:属于诊断法的发明;不属于诊断方法的发明。
② 治疗方法:属于治疗方法的发明;不属于治疗方法的发明;外科手术方法。

1. 什么是科技创新

科技创新是指原创性科学研究和技术创新的总称。

(1) 原创性科学研究　提出新观点(包括新概念、新思想、新理论等)、新方法、新发现和新假设的科学研究活动,并涵盖开辟新的研究领域,以新的视角来重新认识已知事物等。原创性的科学研究与技术创新结合在一起,使人类的知识系统不断的更新增量,认识能力不断提高,产品不断完善、丰富、更新。

(2) 技术创新　把一种或(新概念)发展到实际和成功应用的阶段,或称一个从新产品、新工艺的设想产生到市场应用的完善过程。包括新设想的产生、研究、开发、商业化生产到扩散等一系列活动。"技术创新"是从 technology innovation 一词翻译而来。20 世纪初,美国著名经济学家熊彼特先生创造的经济学理论中提出技术创新可以概括为发明的首次应用,有 5 种类型:①引进新产品;②引用新的生产方式;③开辟新市场;④获得原材料或半制成品的供应来源;⑤实现企业的重新组织。

2. 专利体系中对技术领域的分类

(1) 人类生活必需的农、轻、医;
(2) 作业、运输;
(3) 化学、冶金;
(4) 纺织、造纸;
(5) 固定建筑物(建筑、采矿);
(6) 机械工程、照明、供热、武器、爆破;
(7) 物理;

(8) 电学。

3. 我国专利保护的三种类型

(1) 发明　对产品、方法或其改进所提出的新的技术方案；

(2) 实用新型　是指对产品的形状、构造或者其结合所提出的适于实用的新的技术方案；

(3) 外观设计　是指对产品的形状、图案或者其结合以及色彩与形状、图案的结合所做出的富有美感，并适用于工业应用的新设计。

4. 需要提交的文件

申请发明专利的申请文件应当包括：发明专利请求书、说明书（说明书有附图的，应当提交说明书附图）、权利要求书、摘要（必要时应当有摘要附图），各一式两份。说明书中应包括该序列表，把该序列表作为说明书的一个单独部分提交，并与说明书连续编写页码，同时还应提交符合国家知识产权局规定的记载有该序列表的光盘或软盘。

申请实用新型专利的，申请文件应当包括：实用新型专利请求书、说明书、说明书附图、权利要求书、摘要及其摘要附图，各一式两份。

申请外观设计专利的，申请文件应当包括：外观设计专利请求书、图片或者照片，各一式两份。要求保护色彩的，还应当提交彩色图片或者照片一式两份。提交图片的，两份均应为图片，提交照片的，两份均应为照片，不得将图片或照片混用。如对图片或照片需要说明的，应当提交外观设计简要说明，一式两份。

5. 专利费用

专利费用与年限关系如表 4.7 所示。

表 4.7　专利费用与年限关系表

发明类别	年限（年）	交费（元/年）
发明专利	1～3	900
	4～6	1200
	7～9	2000
	10～12	4000
	13～15	6000
	16～20	8000
实用新型专利	1～3	600
	4～5	900
	6～8	1200
	9～10	2000

第5章

创新式开发工具

5.1 创新模块开发软件

5.1.1 一般设计开发软件

普通的创新式开发工具有:
(1) AutoCAD 二维图设计最常用的软件。
(2) Pro/Engineer 可用于产品造型设计、仿真、数控程序自动生成、电子产品布线系统等。
(3) UG 可用于产品建模、虚拟装配、数控加工、产品性能分析系统等。
(4) Solidworks、Solidedge Solid 软件可采用"自上而下"或"自底而上"的设计思路，创建和管理上千个零部件的装配体，比 AutoCAD 在三维设计上更方便，用其创建的铣刀头三维模型如图 5.1 所示。

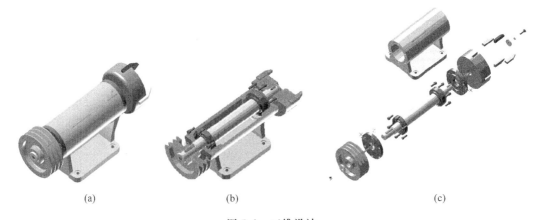

图 5.1 三维设计
(a) 铣刀头装配体模型外形图；(b) 铣刀头装配体模型简剖图；(c) 装配爆炸图

(5) MATLE 法国达索飞机公司开发的高档 CAD/CAM 软件，可进行功能强大的曲面设计。
(6) 有限元分析软件 如 ANSYS、LS_DYNA、MAPLE 等。
(7) MATLAB MATLAB 语言是目前科研方面(尤其是自动控制领域)较具影响力，也是最有活力的软件。它起源于矩阵运算，并已经发展成一种高度集成的计算机语言。它提供了强大的科学运算、灵活的程序设计流程、高质量的图形可视化与界面设计、便捷的与其他程序和语言接口的功能。

此外还有数据库系统 VB、ACCESS、SQL 等。

5.1.2 计算机辅助创新软件

美国亿维讯计算机辅助创新技术(CAI)公司推出了新产品——Pro/Innovator。它是当时世界上较先进的计算机辅助创新设计平台,融合了发明问题解决理论"TRIZ"(teoriya resheniya izobretatelskikh zadatch)、本体论、现代设计方法学、自然语言处理技术与计算机软件技术。其强大的分析综合工具和源于专利的创新方案库,可帮助设计人员在不同工程领域进行概念设计,打破思维定式、拓宽思路,也可发现现有产品或工艺流程中存在的问题,迅速解决产品开发中的关键问题,高质量、高效率地找出切实可行的创新设计方案。Pro/Innovator 根据企业产品设计及开发工作流程而设计,在问题分析、方案生成和方案评价等各个环节均可为设计人员提供全程的创新设计解决方案。

Pro/Innovator 拥有强大的创新方案库,它是基于世界 900 万件发明专利系统的分析研究成果而建立的,包含了不同学科领域解决各类问题时采用的有效创新方案;它构建了独特的基于本体论的创新方案库,保证了所提供方案的有效性和可操作性,使用户能迅速地找到可行的其他学科领域解决同一问题的方法;此外,Pro/Innovator 中的强大的本体论字典,全面描述了事物间的相互关系。基于其中丰富的变换法则,程序能实现问题的自动转化,最终实现针对某一问题提供多种可行方案。

Pro/Innovator 还运用 TRIZ 理论,对以往近千万发明专利进行分析,总结出一系列完美解决矛盾时的规律——创新原理。其中 39 个技术特性、40 个创新原理高度概括了事物的特性,使矛盾描述清晰、简单、统一,实现了问题的解决。

Invention-Machine(美国)公司开发的 TechPptimizer 软件,是结合创造性设计方法,辅助技术人员进行新产品开发、产品改进和获得突破性创新技术的基于知识的创新软件。其特点是:

(1) 加快新产品的研发进度　软件可自动搜索出用于解决某个技术问题的若干条创新原理,每条创新原理又可提供若干个工程应用例子,通过分析这些原理和例子,便能从中找出解决问题的思路和方法。

(2) 提高产品的性价比　可在产品概念设计阶段进行成本分析,降低产品的成本。

(3) 智能化的导向　随时给出操作提示,使用简单。

TechPptimizer 的功能模块如图 5.2 所示。

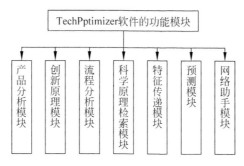

图 5.2　TechPptimizer 的功能模块图

5.2 创新开发的硬件工具

5.2.1 模块化工程创新系列产品

1. ETLabs-J 模块的作用

ETLabs-J 模块是上海广茂达伙伴机器人有限公司推出的用于创新的模块。其产品配置的作用是：

(1) 以"创新教育、综合培养、自主开发"为主题　为实验室产品配置提供了一个开放性的教学和研究平台；

(2) 提供了丰富的教学模块　以方便不同专业背景的学生在创新实验室中得到锻炼和培养；

(3) 提供了芯片级的开发工具　便于开发出具有自主知识产权的有关现场总线产品；

(4) 结合了多种现场总线　为进行复杂的实时现场控制系统的研究提供了一个硬件平台；

(5) 突出控制平台的开放性、通用型和先进性　系统的开放性特点和通用性特点,使得后期系统的二次开发,新学科、新技术的融入成为可能,体现了系统的先进性；

(6) 融教学和科学研究为一体　由于系统架构的开放性和平台的先进性,学科相关的本科生、研究生,博士生以及相关教师可以在此平台上进行不同层次的科学研究,从底层的芯片级智能设备的开发到上层的控制系统以及企业级的控制网络和信息网络的集成开发。

2. 目前工程训练中心及创新课程现状分析

一般高校的工程训练中心起源于原金工实习,后增加了快速成形、塑模加工、电子装配、半导体加工等内容,教学的基本架构主要是使学生熟悉加工设备,训练操作技能,了解加工工艺,建立劳动知识。这种教育架构难以承担新时期工训中心所肩负的新的教育职能,如：

(1) 培养学生的创新能力、动手能力、协作能力等核心素质。

(2) 培养学生的设计能力和专业知识的实际应用能力。

目前能达到上述要求的高校工训中心已开始尝试开设创新试验课程,其主要形式有：

(1) 按模型图搭建机构部分模型,按一定步骤做简单的实验；

(2) 学生加工一些自己设计的简单工件,如雕塑、线切割等；

(3) 装配一种固定的电子产品；

(4) 装拆一种设备,如自行车、摩托车等。

但也存在一些问题,如：

(1) 开设科目太简单,主要是模仿性学习,无系统教育理念,训练时间也短；

(2) 实际上只训练了学生的简单图形设计能力；

(3) 从本质上来看,也仅仅是操作技能训练。

而 ETLabs-J 以精心设计的动手项目为导向,使学生在实施项目的过程中建构广阔的工科知识基地,对材料、机械、电子、计算机硬件、软件均有直观的认知。ETLabs-J 使学生在实践项目的过程中激发和强化他们的创造力、动手能力、协作能力、综合能力和进取精神。

ETLabs-J 运用基于多元智能和多元能力的评价体系,帮助学生全方位认知自己的能力结构和能力特点,为系统建构他们的能力特点打下基础。ETLabs-J 帮助学生对产品开发、项目管理等有直观的认知。ETLabs-J 采用了先进的教育理念,有助于教师掌握全新教育理念,有助于学校决策层系统推动教育改革。ETLabs-J 的动手项目有很好的趣味性和挑战性,能有效激发学生的学习兴趣,因此 ETLabs-J 为建设真正的创新与实践课程提供了系统解决的方案。

3. 应用

(1) 知识验证　为专业课程的实验提供了一个优秀的平台,在该平台上可以进行有关测控、控制、传感器、计算机、软件开发等方面的教学实验工作。

(2) 创新教育　以项目为引导,开展多种多样的创新教育。如以挑战杯、大学生科技竞赛等开展有关单片机和嵌入式系统、传感器采集与处理、机器人竞赛、虚拟仪器、模拟工厂、实时通信等方面的创新,同时也可以进行创新方法学的培养。

(3) 系统集成　ETLabs-J 的实验室系统是一个复杂的多总线的网络化系统。它模拟了现场的工业环境,因此在该平台上的集成开发可以应用于工业现场。

(4) 研究开发　它可应用于:①现场总线智能节点的芯片级开发,开发具有自主知识产权的产品;②嵌入式控制系统的开发;③机器人控制系统的开发;④信息网络和控制网络的集成算法研究;⑤组态软件的开发。

模块化工程创新套件的详细应用,请见 5.4 节。

5.2.2　慧鱼创意组合模型

慧鱼创意组合模型(fischertechnik)如图 5.3 所示,其主要部件是由优质尼龙塑料制造,不易磨损,可以保证多次拆装而不影响模型结合的精确性;它尺寸精确,构件的拼接采用燕尾槽专利设计,六面都可进行,可使组件按照设计者的意愿而任意扩充和组合。

图 5.3　慧鱼创意组合模块

慧鱼创意组合模型于 20 世纪诞生于德国,以其牢固的拼接方式,良好的拓展性能,丰富的知识性和趣味性博得了广大青少年乃至成人的认可和钟爱,在世界范围内得到了长足的发展。慧鱼创意组合模型不仅仅是高技术含量下的工程类智趣拼装模型,同时也是展示科学原理和技术过程的理想学具,更是体现世界最先进教育理念的优良学具,它为创新教育和创新实验提供了良好的载体。

慧鱼创意组合模型的组合包系列涵盖了机械、电子、控制、气动、汽车、能源技术和机器人等领域,各个包都配有装配手册,提供多种表现不同知识的模型图例,鼓励参与者(学生)在模仿的同时能够逐步创新,拼接出属于自己创意的作品。

慧鱼创意组合模型在教育领域发挥着极其重要的作用。它注重培养学生的观察思考能力、动手实践能力和勇于创新的能力;它寓教于乐,"学"、"想"、"做"三位一体,用实际的模型来阐述系统理论知识,让学生更加深刻理解科学技术的应用。在欧美,慧鱼创意组合模型被列为政府采购的必备教具,并被 PLTW 工程之路(美国官方机构)作为工程、项目教学实践和基础性研究的首选产品。国内一些高校也陆续建立起慧鱼创新实验室,清华大学、上海交通大学等高校也把它作为必备的教具,在全国各类机械设计大赛中,慧鱼作品频频获奖。

慧鱼创意组合模型主要有以下分类:

(1) 基础类　融趣味性和知识性的基础类教具,让学生对慧鱼产品有初步接触,达到对基本结构件的感观认识,并能建立起科学的实验方法和理念,从小培养创新的思维方式。

(2) 机械结构类　通过各种基础机械结构的拼装和演示,介绍了机械设计中常用的典型机构,列举了几十种工程结构实例,将结构具体化、可操作化,让学生从结构入门到通过齿轮、方向节等来传递圆周运动;通过螺杆、齿条把圆周运动变成直线运动;运用曲柄和滑块、凸轮和随动件把圆周运动变成摆动和振动;运用滑块、皮带轮、简单齿轮系传递圆周运动。

(3) 气动技术　通过气动挖土机、管道机等大型机械设备的拼装,介绍汽缸、充气阀、空气压缩机等气动元件工作原理,了解空气动力如何产生,力如何传递。

(4) 电子技术　掌握电气和机械系统、马达驱动、开关电路和机械系统设计任务的过程和功能;掌握杠杆工作原理,掌握马达的驱动。

(5) 机器人/计算机技术　通过仿生机器人、移动机器人等模型的搭建和运转,让学生系统了解有关机器人技术的知识。同时,通过计算机编程对机器人进行控制,理解编程模块的概念,以及顺序、选择、循环等编程思想。

(6) 汽车技术　通过拼装各种类型的汽车,了解汽车的基本结构,理解汽车如何驱动,如何转向等知识。

(7) 自动控制　通过对实际的系统模型进行编程调试,理解传感器、控制器、执行器等相关概念,了解顺序控制、开环控制等知识。

(8) 可编程控制器(PLC)　学生利用 PLC,可对立体仓库、洗车流水线等工业模型进行控制。通过实际的接线、编程及调试,学习如何使用 PLC,如何进行编程。

一般机械所用的零部件,如齿轮、电机、电气开关等都可以在慧鱼模型中找到。模型可以用于模拟大型机械和设备的操作,实验室仿真演示和仿真操作;而且该模型尺寸精确,易于拼装,运用设计构思和实验分析,能实现技术"还原",形象化解释复杂的技术原理。

1. 万能组合包

万能化组合包替代了其以前的 24 种模型,现已有 48 种模型。补充了一些新的模型理念,例如码头起重机、风车、拖车、自卸卡车;混合着过去的模型设计,例如油泵、缝纫机、刨床或起重机;一些模型可同时装配,例如车库门等。

它所包含的知识点有：行星齿轮系传动——食品搅拌机；杠杆原理——滑动天平；动滑轮、定滑轮——建筑起重机、滑轮起重机；丝杠螺母传动——台虎钳、车库门；曲柄摇杆机构——缝纫机、钢锯、牛头刨床等。

典型模型有：跷跷板；邮政天平；机械升降机；摩托；离心转椅；旋转秋千；滑翔机；卡车等。

2. 学生慧鱼创意作品

利用慧鱼创意组合模块，学生设计的智能割草机作品如图 5.4 所示。

图 5.4　慧鱼学生作品

第 3 届全国大学生机械创新设计大赛 2007 年慧鱼组竞赛中，出现很多优秀的作品，以下举两个典型的例子。

① 蓝藻综合处理船（参赛高校——南京师范大学）

环境保护是当代大学生关心的社会问题，是社会责任感的直接体现。在江苏太湖蓝藻危机爆发以来，南京师范大学的同学们就如何检测、打捞、加工、发酵、装卸蓝藻以及高效率优化的流程来处理蓝藻，设计了一个水上移动工厂式的综合处理船，如图 5.5 所示。它体现了慧鱼构件通过设计能够科学地实现各种功能，并能根据实际要求协同作业。

图 5.5　蓝藻综合处理船

② 自动包树机(参赛高校——浙江大学)

它以简单的机构实现最大的功能,解决实际问题。整个包树机构就由几个齿轮组成的传动系统和蜗轮蜗杆组成的排线机构及绕线滚筒等构成,却实现了自动包树的功能,解放了劳动力,也避免了人工绕树出现缝隙的情况,具有很好的实际应用价值,如图 5.6 所示。

图 5.6 自动包树机

3. 慧鱼典型产品介绍

1)传送带冲床

传送带冲床 51663,如图 5.7 所示。其模型的控制部分组成是:两个直流马达,两个终端开关,五个光电感应器(由光电晶体管和透镜灯泡组成),模型组装在 Fischertechnik 底板上,模型可由 9V DC 或 24V DC 变压器供电,最适合与 3D 机器人连接。

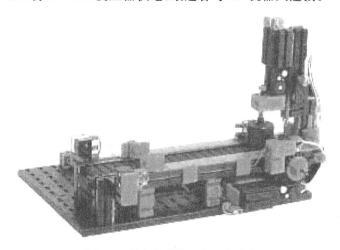

图 5.7 慧鱼培训模型传送带冲床

2)传输带

模型单元由三个传送带(带增量距离测量系统)组成,如图 5.8 所示。这些增量测量系统分别通过由传送带驱动的凸轮盘来实现,每转动一次就有一个开关脉冲。

模拟过程是工件从第一个传送带被送到最后一个传送带。

在传送物被放好后,通过按开始键使第一个传送带开始运动。通过增量距离测量系统就可以知道物体已到传送带的终点,紧接着第二个传送带接到传送物并开始运动。传送物从第二个传送带到第三个传送带与此类似;在第三个传送带上有一个附加的单向光传感器,可以计算传送物的数量。

图 5.8 传输带外形图

其构件和技术参数是:
(1) 工作电压　24VDC;
(2) 传感器　单向光传感器 1 个;
(3) 限位开关　4 个;
(4) 执行机构　单向马达 3 个;
(5) 控制部分　数字输入 5 个;
(6) 数字输出　3 个;
(7) 外观尺寸(长×宽×高)400mm×270mm×90mm。

创新不意味着一味追求新概念而忽视产品的应用价值,在任何时候进行创新,必须立足于现实应用,具有应用价值的创新才值得我们大力提倡,在做任何作品时,我们都不能脱离生活实际,忽视对实际生活的研究调查。这意味着选题很重要,立足身边生活,用学到的知识去改进生活就是一种创新。

5.3 产品创新的设计平台

5.3.1 基于手绘草图的创新设计技术

针对现有三维 CAD 系统对创新设计支持的不足,从交互上在三维 CAD 系统中引入手绘草图交互方式,针对笔输入设备以草图三维 CAD 模型为产品信息载体引入手势交互知识的管理方法,研究基于手绘草图三维 CAD 的产品创新设计技术。提供基于笔的自然交互界面,实现基于手绘草图和交互知识管理的工业产品概念形状设计,可有效地支持创新设计,提高设计效率。

(1) 研究基于笔式交互和手势命令的 Post-WIMP 界面范式,有利于创新设计的界面与交互元素,设计适合创新的手势集和交互界面;

(2) 研究并实现手绘草图的联机识别技术;

(3) 研究面向形象类手势交互知识的管理与搜索机制并实现基于三维草图和手势的交互式三维产品概念建模方法,研究面向草图和手势的几何造形方法,特别是面向草图的曲面、曲线造形方法;

(4) 研究基于手绘草图和手势交互知识管理的协同创新设计机制;

(5) 开发基于手绘草图和手势交互知识管理的创新设计原形系统。

该图形输入工具主要关键技术有:自然、高效、多通道融合的草图设计界面,图形元素的联机识别,手势的设计与联机识别,基于草图和手势的交互几何造型,面向手势知识的表达与搜索机制等。

该技术适用于家居设计展示系统及家电设计原形系统。

5.3.2 基于知识的概念创新设计系统

它包括构建一个基于知识的概念创新设计系统,通过表示模型及转换接口与三维CAD专项核心构件交互,构造系统的CAD表示模型,重点实现创新技法模拟的创新设计工具,构建面向用户的三维模型表现及应用层。开发适合于产品创新设计的知识支持软件,包含创新设计方法库、产品设计知识库、索引和网络搜索模块等,可作为知识支撑层集成于概念创新设计系统。它可以作为三维CAD专项的软件,也可以成为面向轻工业产品的概念创新设计系统。

在理论上着重研究创新设计的关键核心技术,通过对产品功能、行为及结构的建模与映射的分析综合,设计一套创新求解策略,可以在更广、更深层次上实现产品的原理、功能、布局、形态、结构等方面的创新;给出一套支持创新设计的,包括知识表示、推理机制以及知识获取的方法;提供概念设计知识支持环境,使设计人员能有效地利用内外部资源(包括创新设计方法库、产品设计知识库、基于语义的网上搜索引擎等)激发创新灵感,能用草图、工程图等多种形式表达他们的创新思维;并且实现和其他三维CAD软件工具的集成,使设计人员能够完成整个设计过程。关键技术包括创新技法模拟与应用,创造性思维的模拟技术,产品功能、行为及结构的建模、映射、综合方法等,功能的分解策略和功能的求解策略(推理机制),多模式产品模型的三维重构技术,提供三维表示模型与多模式产品模型之间相互转换的重构接口。

5.3.3 计算机辅助创新设计系统

计算机辅助创新设计系统的流程如图5.9所示,它包含如下关键技术。

1. CBR技术

基于实例推理(case—based reasoning,CBR)技术是近年来人工智能技术中发展起来的、区别于传统规则推理的一种较新的设计推理方法。它以已有的设计实例为基础,通过类比和联想,从实例库中选择与当前设计要求最相近的实例,并调整选定实例中不能满足要求的因素,最终形成新的设计并作为新的实例存储于实例库中。将CBR技术的设计理念应用于创新设计中,可以快速形成可靠的技术方案,拿出类似的产品新图纸,将有助于与用户沟通,解决以往每次设计都要从头做起,工作量大的缺点。用产品数据管理系统(PDM)和CAD等来存储实例和图纸,通过相似性联想找出相似实例,利用遗传算法等进行方案组合

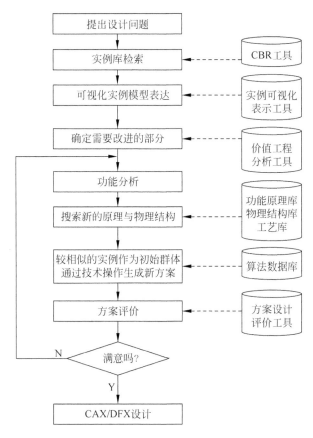

图 5.9 基于计算机辅助创新技术的产品开发过程

优化,采用人机对话对检索出的实例进行修改,实现原实例知识的重用,CBR 技术示意图如图 5.10 所示。

CBR 技术的核心思想是通过借鉴以前求解问题(或设计)的经验和方法来解决新问题。

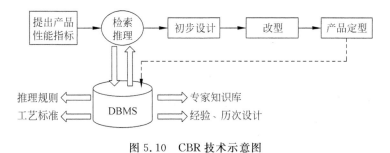

图 5.10 CBR 技术示意图

2. 实例模型表达及矛盾分析

概念设计技术的发展方向为研究一种统一的设计方案表达方法,是对日本学者吉川弘之提出的 FBS 图进行扩充,使用两个框架分别描述一个设计方案的功能层次与结构层次,并存储功能单元与结构单元的对应关系,使计算机理解产品的结构及其功能。这种方法的缺点是结构与功能的关系不够直观,因此在功能层次图与结构层次图的基础上增加功能关系图,以语义网络的方式描述结构及之间的作用关系,使结构与功能处于同一张图中,设计者可直观地理解产品原理,根据功能关系图并运用价值工程方法分析实例存在的问题。

实现创新的关键是正确分析产品中所存在的矛盾。产品设计中的基本矛盾是产品功能性价比不能满足用户要求,它有两种表现形式,一是未能实现某些产品功能质量目标;二是某些功能质量得到改善,而某些功能质量却恶化。矛盾分析结果用于指导新功能原理、新物理结构的联想,进而找出相似实例。价值设计的表达式和改善对策见表5.1。

表 5.1 价值设计的表达式和改善对策

出 发 点	设计表达式	技术途径
考虑功能	$\dfrac{F\uparrow}{C\rightarrow}=V\uparrow$	功能提高,成本不变
考虑成本	$\dfrac{F\rightarrow}{C\downarrow}=V\uparrow$	功能不变,成本降低
提高功能,同时降低成本	$\dfrac{F\uparrow}{C\downarrow}=V\uparrow\uparrow$	价值设计的主攻目标
着眼功能	$\dfrac{F\uparrow\uparrow}{C\uparrow}=V\uparrow\uparrow$	功能大幅提高,成本略微提高
着眼成本	$\dfrac{F\downarrow}{C\downarrow\downarrow}=V\uparrow\uparrow$	功能略降低,成本大幅降低

3. 虚拟现实产品及虚拟设计介绍

(1) 立体眼镜(图 5.11) 用于显示器或投影仪输出的 3D 模拟场景的 VR(virtual reality)效果的观察,立体眼镜利用液晶光阀高速切换左右眼图像原理,有有线和无线之分,可支持逐行和隔行立体显示观察,也可用无线眼镜进行多人团体 VR 效果观察,是目前最为流行和经济适用的 VR 观察设备。主要产品有 VR eyeware、Crystaleyes、CEVR。

(2) 数据手套(图 5.12) 虚拟现实交互设备,作为一只虚拟的手或控件用于 3DVR 场景中的模拟交互,可进行物体的抓取、移动、装配、操纵、控制;有有线和无线之分,左手和右手之分,可用于 WTK、Vega 等 3DVR 和视景仿真软件环境中。主要产品有 5DT glove 5、5DT glove 16、CyberGlove。

(3) 三维鼠标(图 5.13) 虚拟现实交互设备,用于 6 个自由度 3DVR 场景的模拟交互,可从不同的角度和方位对 3D 物体观察和浏览、操纵;也可作为 3DMouse 来使用。可与数据手套或立体眼镜结合使用,作为跟踪定位装置;也可单独用于 CAD/CAM 中。主要产品有 Spaceball 4000、Spaceball 3003、logitech。

图 5.11 立体眼镜

图 5.12 数据手套

图 5.13 三维鼠标

(4) 头盔显示器(图 5.14)　VR 图形显示与观察设备,可单独与主机相连以接受来自主机的 3DVR 图形信号。使用方式为头戴式,辅以空间跟踪定位器可进行 VR 输出效果的观察,同时观察者可做空间上的移动,如自由行走、旋转等;VR 效果好,沉浸感较强,优于立体眼镜。主要产品有 CyberCE 500s、5TD HMD、Virtual V6。

(5) 跟踪定位器(图 5.15)　VR 系统中用于空间跟踪定位的装置,一般与其他 VR 设备结合使用,如头盔、立体眼镜、数据手套等,使参与者在空间上能够自由移动、旋转,不限于固定的空间位置,操作更加灵活、自如、随意。有 6 个自由度和 3 个自由度之分,主要产品有 FasTrak、Flock of Birds。

(6) 立体显示系统(图 5.16)　一种小型的基于 PC 机的 3DVR 实现系统,由观察设备(立体眼镜)和立体图形加速子系统(3D 立体图形加速器)两部分组成,支持逐行、3D 立体图形显示输出,既解决了逐行 3D 立体图形的加速和输出,又解决了 VR 效果的观察;3D 图形运行速度快、分辨率高是目前最经济、VR 效果最好的小型 VR 实现系统,主要产品有 VR viewer 1000、VR viewer 1200、VR viewer 3000。

图 5.14　头盔显示器

图 5.15　跟踪定位器

图 5.16　立体显示系统

(7) 小型 VR 立体显示观察系统介绍　该系统由一块立体图形加速卡、一个红外控制发射盒、一套有线和一套无线立体眼镜组成,支持高分辨率、高场频、逐行立体显示。用有线、无线立体眼镜观察 VR 效果,是一套全面、小型、经济适用的基于 PC 的小型 VR 系统。其良好的性价比非常适合于 VR 工作者的初期研发和实际应用,若再辅之以成形的专业化软件,则不失为上策。若配合以 WorldToolKit(WTK),或 VEGA 来实现项目开发,则可以节省开发时间。在建模方面,若采用 MULTIGEN,或 SENSE8 的 Moudler Creater 来实现则更容易一些。对于要求较高的应用,推荐添加立体头盔、跟踪定位器等来实现虚拟现实系统,可以更好地体现沉浸感和交互性。

应用软件的开发可在 VC 下用 OpenGL 来开发,也可用成形的高层软件来开发,如 Vega 或 WorldToolkit。建模可用 MultiGen Creator,且其三维图形的运算速度较快;它不局限于固定的软件开发包,可考虑另加入一些相应的虚拟外部设备,如数据手套、3D MOUSE 等。小型 VR 系统的效果图,如图 5.17 所示。

对于专业开发者,可使用 Windows NT 4.0 或 Windows 2000 操作系统和高档 PC,经费充足的单位可考虑加上一个 CRT 投影机和多副无线立体眼镜,这样可以组成多人观察的大中型的团体 VR 系统,进行集体演示、团体观察和训练,其 VR 效果将更显著。

4. 虚拟设计的应用领域

(1) 教育与教学培训　可对学生进行远程教育,集成声音、图像及多媒体技术的三维空

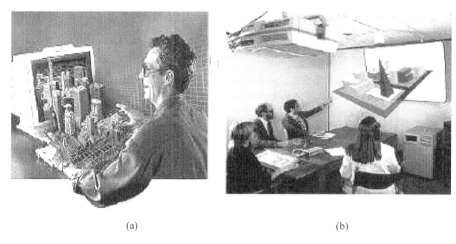

图 5.17 小型 VR 系统的效果图

间远程教育中心；完全立体化的虚拟真实的校园环境，可以进行提问、考试，进行实时的教学交流；训练高难度的操作，如航天航空训练，军事模拟对抗，演习医疗手术，各种机械的操纵、驾驶等。这种应用既能节约经费，也能提高学生的学习兴趣与效率，更重要的是大幅度降低了操作失误率。

（2）虚拟现实　VR 技术的直观与交互特性可以进行产品的设计和制造，包括虚拟概念设计、虚拟布局、虚拟装配、产品原形快速生成、虚拟制造等领域。具有响应快，环境统一，柔性好，试制中间环节少，成本低，生成实际制造过程简便等特征。

（3）科学研究　目前有很多的物质（如红外光、微波、雷达、电磁场），以及在通道中流动的各种数据都是不可见的。利用 VR 技术很容易将这些物质可视，这就为科学研究带来很大的方便。

（4）文物古迹恢复　随着历史的变迁，很多文物古迹都遭到了破坏甚至毁灭，用 VR 系统可以重现历史，满足游客的游览、怀旧和审美的需求。

（5）网上购物　通过虚拟产品展示，使购物者进入虚拟市场感受商品的特征和品质，足不出户即可逛商场、超市，挑选商品，为残疾人、老人和工作繁忙抽不出时间逛商场的人提供了方便的购物方式。用三维和模拟三维的技术，把商业产品形象逼真地在网络中表现出来，让顾客了解商品各个方面的品质，想怎么看就怎么看，尊重顾客的浏览习惯。

5.3.4　创新设计平台

该平台是四川大学建立在创新设计问题求解的认知机制基础上的计算机辅助创新设计系统。可作为概念设计的表示和工作平台，此平台有效的将认知科学、信息技术和设计技术汇聚，集成人机交互创造性思维方法、设计知识库、科学效应库和丰富的信息源，完成非数据计算的、通过思考推理和判断来解决的创新活动。

1. CreaDesign

CreaDesign 是认知科学、信息技术和设计技术的汇聚平台，是计算机辅助创新设计的工作平台。CreaDesign 的关键作用是提高设计人员的创新设计的创造力，重点是计算机辅助和支持人的创新设计活动,而不是概念设计的自动化,是为技术人员在产品的概念设计、方案设计阶段提供有用的工具,如图 5.18 所示。

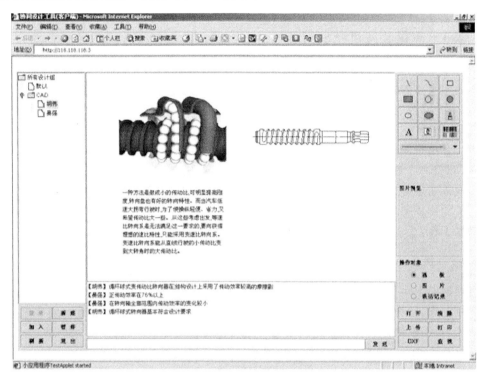

图 5.18　协同设计支持模块

2．创新设计知识库

创新设计知识库包括作用原理库、物理结构库与实例库,当系统根据相似性搜索到新的作用原理或物理结构后,相应的实例自动调出。

3．科学效应库

科学效应能够按照规定的原理将输入量转化为输出量,通过一定的物理载体来体现某种功能;研究人员已经总结了 1 万多个效应,其中 4000 多个得到了有效的应用,科学效应库对它们统一表示,并科学的组织管理,为基于功能原理行为结构设计过程的产品概念设计提供服务,帮助实现产品的创新设计。

4．多层次 Web 信息检索系统

面向创新设计的多层次 Web 信息检索系统,包括自然语言搜索、引导式搜索、关键词搜索、分类浏览和随机搜索五种搜索方式。其主要功能是使设计人员从紧到相对宽松的范围内进行资源检索(即从寻找相关设计知识到浏览无直接关系的信息),激发设计人员的创新思维,使之产生新的概念和新颖的设计思路。

5.4 工程创新模块套件应用实例

5.4.1 泥煤装载机模型组装

对煤矿来说,清理井下水仓的泥煤是非常困难的事情。地下水和采煤过程中(降尘等)产生的回水夹带着碎煤及小块状煤炭最后流入水仓,日积月累,水仓就淤积大量泥煤。因而,井下水仓必须定期清理。以淮南市谢二矿为例,煤矿水仓巷道两端各有长 30 米,倾角 20°的通道,中间有 150 米左右的平直仓道,巷道宽 6 米左右,高 5 米,中间分开,左右各有矿车轨道。又由于淤煤的流动性强,清理起来比较困难,对于煤矿来说,一般是在巷道下倾 12°~15°再开一个巷道,使水煤流入,等水煤澄清以后用泵将水抽出,每隔一段时间再人工清理。这样清运起来费时费力,还影响生产。据此,提出煤矿水仓泥煤装载机的构想,利用模块化工程创新工具,根据其结构与原理制作了泥煤装载机的模型,并使其能自动运行完成清理淤煤工作。

1. 设计灵感

在煤矿井下生产和采煤过程中产生的回水夹带着碎煤流入井下水仓,日积月累,水仓就淤积大量泥煤,且为糊状,一般煤矿采用人工小桶提装清理,效率较低,因此结合大学生科技创新活动,采用模块化工程创新工具模型设计来组装新型泥煤装载机。

2. 模型组装

1) 基本结构及工作原理

如图 5.19 所示,该煤矿水仓泥煤装载机主要由以下几部分组成:螺旋给料机构、刮板运输机构、行走机构、支撑装置、工作进给机构等。其工作原理是:电动机把动力传给行走

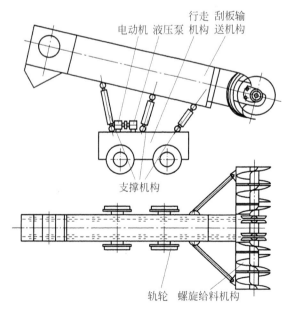

图 5.19 基本结构

箱,行走箱内部通过齿轮啮合以及链传动,输送动力,进行减速,把动力传给刮板输送机,刮板输送机通过链轮和刮板链带动螺旋滚筒给料机构运转,把泥煤通过叶片推向中央,由刮板运输带走,刮至矿车上,达到清理泥煤的目的。另外,行走箱内部采用一离合器控制轨轮行走,实现行走箱及整个设备在导轨上的运动。

2) 模型组装

根据功能需要,结合创造性思维,构建的煤矿水仓泥煤装载机模型如图5.20所示。

图 5.20 模型组装图

本模型由行走机构、升降机构、支撑装置、刮板运输机构和螺旋滚筒给料机构组成。

(1) 行走机构的组装

行走方式采用轨道式电力拖动,其传动原理如图5.21所示。

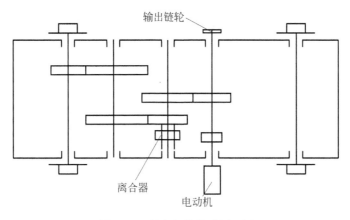

图 5.21 行走机构传动原理图

所用电动机属防爆防尘型,可以在有瓦斯和粉尘的工作环境下使用,它是本装载机的动力源。输出链轮把从电动机得到的动力传给刮板机,离合器用于控制轨轮的速度。设计中选用直齿圆柱齿轮传动。本组装方案是:电动机——连接件——减速器——换向装置,如图5.22所示,由电动机经减速器减速,减速器连接1∶1的换向装置,换向装置上装轴,轴上装齿轮,由此齿轮与行走轴上的齿轮啮合,带动轮子转动。

(2) 升降机构的组装

设计方案是:在刮板输送机底板外加一厚钢板(520mm×160mm×30mm),焊接而成,

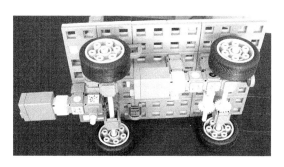

图 5.22　行走机构实物图

在板的两端分别预制两个槽孔,以备下边的支承座使用;另一个采用双头支撑,安装在行走箱后部,双头支撑采用两头反向螺纹,螺纹调节可使支撑可长可短,起调整运输架高低的作用。调节方式采用手动调节,利用千斤顶工作原理,通过两边左、右旋螺纹来实现支撑杆的升降。本组装方案如图 5.23 所示。

图 5.23　升降机构

该工作原理及作用是:电动机带动螺旋杆转动,使套在螺旋杆上的模块向上运动,此模块与刮板槽连接,并支撑刮板槽,通过模块的升降实现刮板槽的升降。该升降运动实现了刮板槽的转动,使螺旋滚筒给料机构与地面有一定的距离,便于该泥煤装载机的行进。

主要缺陷是:由于这种机构的升、降高度都要受到限制,所以螺旋滚筒给料机构与地面的距离不能太大,此模型不适用于沿坡面向上爬行。

改进措施:可采用短一点的螺旋杆,并使螺旋杆上面的模块一起运动,来调节刮板的高度,使刮板高度调节范围增大。

(3) 支撑装置的组装

设计方案是:支撑装置主要用于支撑运输架,考虑到运输架的重量和需要调节高度,故采用两个支撑。一个为固定支撑,此支撑使得行走箱与运输架有一个固定的距离,方便用链把动力从行走箱传到运输架。此结构采用的双头支座,中间穿过一根轴,用三角形式以增强支撑强度,同时加大底座的受力面积。该部分组装方案如图 5.24 所示。

工作原理及作用是:通过轴、轴承与刮板运输机构连接,由于刮板运输机构要有转动运动,故该支撑装置与刮板运输装置通过轴承还是可以转动的。

主要缺陷:升降机构所用到的模块,有一根螺旋轴从底板的上空穿过,由于支撑装置与

图 5.24　支撑机构实物图

升降装置不在一条直线上,这样使刮板槽有一定的斜度。

改进措施:采用改进的升降机构即可改进此支撑装置。

(4) 滚筒给料机构与刮板运输机构的组装

设计方案是:螺旋滚筒给料机构是泥煤装载机清理泥煤的关键工作部分。工作时,螺旋滚筒给料机是通过链轮带动螺旋滚筒旋转,由于螺旋滚筒的两边叶片分别为左、右旋向,因此把泥煤往中间推进,而后被刮板刮走,刮板通过链传动在刮板槽上运动。本组装方案如图 5.25 所示。

图 5.25　进料与运输机构

工作原理及作用是:在刮板槽的上端用电动机带动一个链轮,链轮带动链条,链条带动螺旋滚筒机构上的链轮,此链轮安装在螺旋滚筒的轴上,带动螺旋滚筒转动。

主要缺陷:由于模块化工程创新工具没有相应的模块,刮板、刮板槽及螺旋滚筒进给机构都是利用其他材料,自己动工制作,有些传动误差。

3. 创新设计小结

组装水仓泥煤装载机把模块化工程创新工具在教学上的应用范围扩大了,实用价值也提高了。这些模型组装为创新设计提供了一个立体模型,让他们把数据、图形与生产中的问题有机结合起来,更利于学生了解机械设备的工作原理和过程;其次,通过本次模块化工具的组装,不仅使大学生学到了很多关于创新方面的知识,也让学生对以前学过的专业课知识有一个很好的回顾;用程序使该水仓泥煤装载机能自动运行并完成其工作,不仅使学生对程序编译和调试应用起来,而且对自动化机械有了更形象和深入的理解;同时也锻炼了大学生的动手能力,培养了他们互相协作的团队精神。

5.4.2 教育机器人二次开发设计

学习为智能机器人编写程序是以智能机器人为平台的设计内容之一,在编程序的过程中要了解智能机器人的功能、结构和工作原理,并根据智能机器人完成的任务来编写程序。同时也要了解机器人的各种传感器,并通过编程来控制传感器,使机器人感知外界的信息,并对此信息做出决策和响应,以使机器人完成规定的任务。

利用智能教育机器人基础开发平台,制作了三轴联动的数控铣钻床和数控车床模型。对于三轴联动的数控机床,三轴联动是工作台 X、Y 方向的运动和刀具 Z 方向的运动,在实际工作中还要加上刀具回转运动,因此利用 SD-Robot 教育机器人基础开发平台的 4 个直流电动机分别带动 3 根轴以及刀具的回转运动,如图 5.26 所示。

图 5.26 SD-Robot 构建的数控机床

系统硬件电路板有:

(1) 4 路直流电机控制接口;

(2) 4路伺服电机控制接口；

(3) 8路的AD信号接口(接传感器)；

(4) 两路液晶模块接口(汉字和英文显示)；

(5) 串行下载接口；

(6) 9V、7.2V、5V、3.3V电源接口；

(7) BKGD接口。

系统结构框图,如图5.27所示。

4个直流电机分别与智能教育机器人基础开发平台主板上的4路直流电动机控制接口相连,通过数据线将主板与PC机相连,连接时数据线的一端与PC机的9针端口COM1相连,数据线的另一端与主板的串行接口相连。

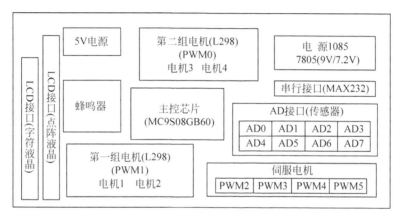

图5.27 SD-Robot教育机器人基础开发平台的硬件电路板结构框图

5.5 大学生创新大赛示例

5.5.1 增力自行车创新设计

1. 设计思想及创新点

中国以前每一家都有自行车。传统自行车的车架是一体的,目前不少厂家推出了新的产品即将车架采用了铰链的可活动的机构,为了使得在路中不至于颠簸,让人在车上感到平稳,厂家采用了弹簧来消耗振动能量。而本设计的目的不是将这部分能量消耗掉,而是将它转化为骑车的驱动力,创新产品总图如图5.28所示。

工作原理图如图5.29所示,人的重力在自行车行驶过程中由于路面的颠簸产生向下的冲击力,通过车座传递给车架端面A,由端面A传递给托板,由与托板连接的斜块1传递给斜块2,斜块2与杠杆连接,杠杆将斜块2上的力绕支点再传递给拉力链条,由拉力链条拉动小链轮旋转,小链轮通过超越离合器传递给中轴,中轴将旋转扭矩传递给大链轮,由大链轮的旋转通过链条传递给后轮链轮,从而驱动后轴旋转。

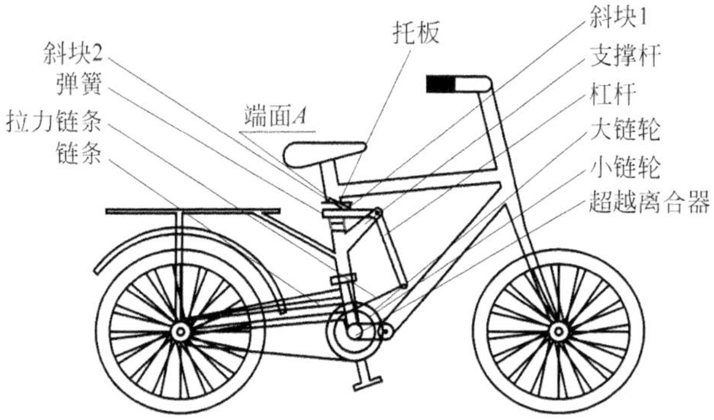

图 5.28 增力自行车总图

图 5.29 局部放大图

2. 受力分析

1）原始数据（如图 5.30 所示）

质量：$m=70$kg；距离 1：$L_1=460$mm；距离 2：$L_2=650$mm；长度 1：$L_3=250$mm；长度 2：$L_4=100$mm；滚动摩擦系数 $\eta_1=0.08$；静摩擦系数 $\eta_2=0.9$。

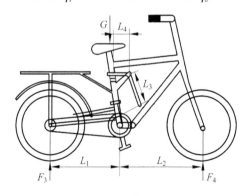

图 5.30 受力图 1

2）重力产生的驱动力

按图 5.31，建立平衡方程式为

$$F_1 = G = mg = 686\text{N} \tag{5-1}$$

$$F_1 \times L_4 = F_2 \times L_3 \tag{5-2}$$

则得到：

$$F_2 = (F_1 \times L_4)/L_3 = 274.4\text{N} \tag{5-3}$$

$$F_{2x} = F_2 \times \cos 40° = 210.2\text{N} \tag{5-4}$$

由于前后轮的摩擦方式是不同的，前轮为静摩擦，而后轮为动摩擦。按图 5.30，建立方程式为

$$F_3 + F_4 = G; \quad F_3 \times L_1 = F_4 \times L_2$$
$$F_3 \times \eta_1 = F'; \quad F_4 \times \eta_2 = F'' \tag{5-5}$$
$$F_3 \approx 401.73\text{N}; \quad F_4 \approx 284.3\text{N}$$

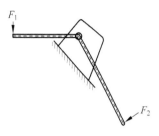

图 5.31　受力图 2

链条的拉力为

$$F_t \approx F' - F'' = -0.08F_3 + 0.9F_4 = 223.73\text{N} \tag{5-6}$$

合力为

$$F_e = F_t + F_{2x} = 429.93\text{N} \tag{5-7}$$

所以每次振动可以带来的动力约等于人每次脚踩的驱动力。

图 5.32 为参赛大学生在比赛现场的组装产品图。

（注：该项目获 2006 年江苏省工科院校创新制作比赛二等奖，参赛高校：江苏技术师范学院，指导教师：孙奎洲，何庆；参赛学生：仓国玉、陈晓等）

图 5.32　该项目在比赛现场的情景

5.5.2　新型扳手创新设计

扳手是拧紧或松开螺栓和螺母的一种常用工具。扳手按照结构的不同主要可以分为两大类，即手动螺丝扳手和套筒扳手。手动螺丝扳手是通过旋转扳手头上的螺丝以改变扳手头上两螺母卡爪之间的距离来卡紧不同型号的螺母，从而拧紧或松开螺栓和螺母。套筒扳手只要将其套在相应型号的螺母上，也可以将螺母和螺栓拧紧或松开。

手动螺丝扳手可以用于各种型号的六角螺母上，但由于螺母在使用的时候其六个角最

容易受到磨损,同时手动螺丝扳手是通过用手指旋转螺丝压紧螺母产生摩擦力来松开或拧紧的,因此手动螺丝扳手在使用的时候最容易发生打滑现象;套筒扳手虽然较少发生打滑现象,但对于一些经常要拆卸的螺栓螺母因其六棱角很容易被磨平,或因螺母生锈而变小,或者螺母的六个棱角已被磨平的情况下,套筒扳手还是起不了应有的作用。针对这种情况,通过调查,我们建立了项目研究与实施创新方案,最后构想出了用"齿夹扳手"(如图5.33所示)来解决这些现实问题。

图5.34是齿夹扳手的结构原理示意图,齿刀与扳手的主体部分底座是由螺栓连接的,使齿刀通过螺栓与底座形成一个转动副。由于螺母有一系列的型号,因此这扳手也要做出相应的型号,考虑到资源的合理运用,因此设计出该形状的扳手。当改变扳手底座的大小时,其型号也跟着改变,但其刀齿和螺栓可以应用于各种型号的扳手底座,其外形做成了与标准的六角螺母相同的型号,当需使用时再套上一梅花扳手作为此扳手的手柄,这样做是为了使这一梅花扳手可以一物两用,做到资源的充分利用。

 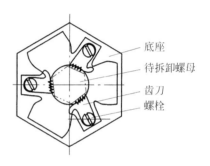

图5.33 齿夹扳手实物图　　　　图5.34 齿夹扳手的结构原理示意图

1. 工作原理

当扳手套上因多次拆卸而"变圆螺母"时,把扳手往逆时针旋转时,由于刀口受到摩擦的作用,可转夹刀也要绕着旋转中心往逆时针转,因此刀口与螺母圆心的距离变小,从而把螺母夹住,夹紧后的情况如图5.35所示。

其中刀口为锯齿状,并且其左右长短不等(从左到右由短到长),这样就使得刀口与螺母圆心的距离变得更小了,从而把螺母夹得更紧,在此工作过程中,由于其中心距的变小,所以刀齿会扎到螺母里,从而使其在遇到一些无棱角的螺母或由于生锈而变小的螺母时也不会打滑,而普通扳手或梅花扳手就起不到这个作用。

现对齿夹扳手底座进行基于UG的建模、数控加工程序生成与加工仿真,再对齿刀进行线切割成形加工。

2. 扳手底座的UG造型

打开UG建模,进入草绘界面,绘制一正六边形;进入建模模块,利用拉伸命令进行拉伸;对这草图进行拉伸切除;利用打孔命令进行打孔;利用草绘并拉伸绘制三台阶;利用打螺纹孔和阵列命令绘制三螺纹孔,得到图形如图5.36所示。

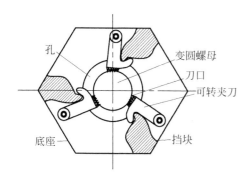

图 5.35　螺母夹夹紧后的情况图

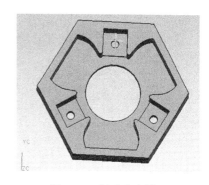

图 5.36　扳手底座模型

3．UG 平台下的仿真加工

打开 UG 界面，调出要加工的零件，下面就对这一创新机构进行建模和仿真加工介绍。

1）毛坯的建立

选用一个大小合适的毛坯，不仅可以节省材料，而且还可以减少金属切除量，缩短加工周期，绘制一个 100mm×100mm×25mm 的毛坯，如图 5.37 所示。

2）建立加工原点

进入加工界面，选择 mill-planar。单击创建几何体 ，选择 mcs_mill，确定毛坯的加工原点，如图 5.38 所示，将加工原点定位在毛坯的上表面的左下角点。

3）创建刀具组

由于要加工的定模相关尺寸较小，且加工的精度等要求较高，因此选用半径较小的铣刀，而且要进行多次循环加工，保证其技术要求。单击 创建刀具组，具体参数见图 5.39。

图 5.37　毛坯的建立

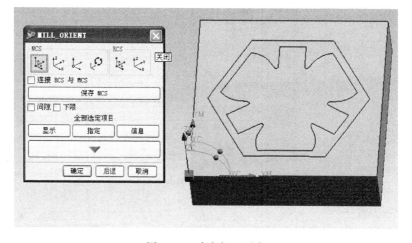

图 5.38　确定加工原点

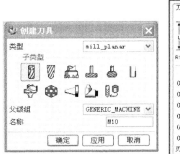

图 5.39　刀具参数设置

4) WORKPIECE 设定(如图 5.40 所示)

图 5.40　工件设置

5) 创建 BILL-BND(如图 5.41 所示)

图 5.41　创建 BILL-BND

6) 创建加工操作

单击创建操作，参数设置如图 5.42，按确定按钮。然后单击生成轨迹，所形成图形如图 5.43 所示，按确定按钮，生成如图 5.44 所示的轨迹。

图 5.42 创建加工操作

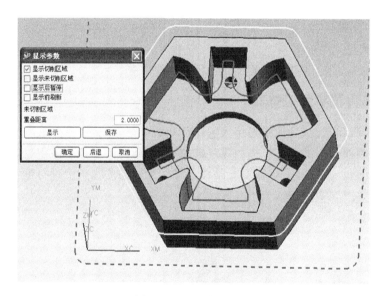

图 5.43 显示加工区域

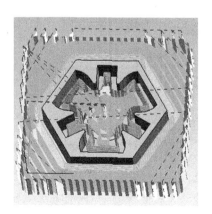

图 5.44 刀路轨迹

7) 加工仿真

其仿真过程界面如图 5.45 所示。

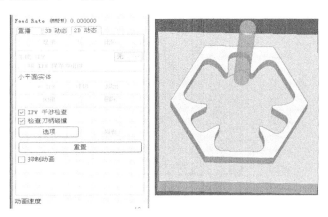

图 5.45　加工仿真

8) 进行后处理产生加工程序

进行数控加工,最后经过机械装配得出齿夹板手实物。

5.5.3　多方位头颈锻炼器

根据市场调研和走访,发现中老年人的颈部和头部时常出现一些病症(如落枕而造成的头痛等)。由于颈部和头部是人身体的重要部位,越来越多的患者和医生也非常关注颈部和头部康复这个问题。头颈部锻炼器主要是在已有的半成品的基础上进行创新思维发散和功能组合而成的,如图 5.46 所示。

图 5.46　多方位头颈锻炼器

在该装置中增加了一些机械传动件和智能化控制部件,以达到锻炼头部和颈部的目的。该锻炼器的主要技术是机械传动和智能控制,实现的方法主要是采用四连杆机构、偏心运动原理和单片机控制。采用数字键盘输入 LCD 显示,实现了可视化的编程。编程"语言"也是"傻瓜"式的,确保不识字的人也可以很好的控制该设备。此外,本器材还留有很大的扩展空间,增加一些头部穴位按摩的现代化仪器,在控制芯片上也留有接口,以适应其他各种锻炼的要求。

1. 主要创新点

该作品主要是针对目前市场上没有的,但又非常需要这一关键点,着手进行创新设计的。采用了集机械装置和现代化控制为一体的智能化机器,充分体现了现代社会健康化的理念。作品把机械和医学也有机的联系在一起,让机械原理更好地服务于社会。

2. 推广应用价值

由于本活动器材具有很强的使用性,也有市场需求,因此具有很强的推广价值。同时本器材主要选用部分现有产品为构件,进行技术改造,所以生产成本相对来说也比较具有优势,生产厂房面积和劳动力需求量也很小,这也是该产品能够快速推进市场的另一个有利方面。

(注:该项目获2006年第二届全国大学生机械创新设计大赛三等奖,参赛学校:安徽理工大学;指导教师:王成军、李文荣;参赛人员有:汪跃中,赵仕云,王锡奇,童李等)

第6章 创 新 教 育

目前我国基础教育所推行的传统教育对创新方面重视不够,就是在高校中,也只是为数不多的高校进行了尝试。据了解,在上百所高校中,工程类、设计类有关的专业方向的课程设置(包括高校的一些研究生课程),只有少数学校设置了"创新原理"、"创新设计"或类似的课程,大多数学校没有设置创新理论课程,也就没有相应的机制鼓励教师去讲授与创新有关的课程内容,这不能不说是一个令人遗憾的现状。

当前,在学校教育中开展创新理论的教学或培训存在诸多问题,如我国创造学的理论基础薄弱,学校尚未形成以创新为主导的价值体系,长期以来教育都是重知识灌输,轻动手能力培养;重趋同性,轻标新立异;这些对开展创新教育是极其不利的。因此我们要学习或借鉴国外的有益做法,从创造性素质教育的理念出发,在教育思想、教育目的、课程设置、教学方法、管理评价及师资培养方面统筹规划,积极推行从应试教育向创新教育转变。

6.1 创新教育概述

6.1.1 创新教育的含义

所谓创新教育,就是在学校教育中运用创造学的原理,采用现代教育观念和手段,培养学生的创造意识、创造性思维,开发学生的创新潜能,进行学生的创新(创造)素质的培养。创新教育是较高层次的素质教育,对学生实施创新教育是达到素质教育目标的有效途径和方法;在本质上与素质教育是一致的。创新教育在人的普通素质中单独提出创造性素质加以特殊强调,原因是创造性素质在现代和未来人才的各种素质中具有统领作用和最大的时代适宜性。

创新教育要紧跟时代步伐,贴近时代大潮;接触产业和行业领域,贴近市场前沿;结合现实,贴近矛盾和问题。

6.1.2 创新教育的内容

从创造学角度来理解,创新教育是将发明创造的理论和方法应用于教育实践,从而培养学生的创造力。创新教育把培养和提高学生的创造力作为教育目标,并围绕这一目标组织教学工作。其内容如下:

(1) 创新教育是关于创造发明的知识技巧和经验的教育;

(2) 创新教育是创造力训练;

(3) 创新教育是创造性教育,即在教育中以培养学生创造力为目标而展开的各项教学活动。

传统教育虽然有许多正面的优点,但在发挥学生个性和创造力方面,还是有一定缺陷的,如强调统一规格人才的培养、重视强制性管理、特别重视考分、忽视创造性人格培养、忽视思维的发挥性训练等,创新教育则能克服传统教育的许多弊端,强调"不拘一格降人才"。在教学中信奉"一个不好的教师只会奉送真理,而一个好的教师则是教人发现真理"的原则,注重对学生进行创造性思维教育、创造性人格教育、创造发明技法教育等;在教学的实施中,不仅重视课堂教学,而且重视课外活动和社会实践活动;在教学评价中更注重对学生分析问题和创造性地解决问题能力的评价。

创造教育与传统教育的区别见表 6.1。

表 6.1 传统教育与创造教育的比较

传 统 教 育	创 造 教 育
被动地接受知识	主动地获取知识
储存、积累知识和信息	提取和加工信息
现成的或标准答案	探索设计方案
集中思维	发散思维
重视教师的"教"	重视学生的"学"
培养"知识产生者"	培养"生产知识者"
强调教学的同一性	强调教育的差异性
教育形式模式化、平均化	教学过程随机性、灵活性
"应试型"、"知识型"人才	"创新型"、"素质型"人才
目的重在传递传统文化	目的重在创造未来文化

6.1.3 创新教育的目标

创新教育既不以知识积累的数量为目标,也不以支持继承的程度为目标。与传统教育相比,创新教育同样强调必要知识的积累,但更强调合理的知识结构以及获取知识的方式;同样强调培养学习者的各种能力,但更强调学习者创造能力的培养。创新教育不仅相信人人都有创造力,而且认为创造力是可以通过创新教育开发出来的。创新教育坚持应该根据学习者的思维特点和才能情况,因材施教,把他们培养成创造型的人才。创新教育全力以赴去开发学习者的创造力,矢志不渝地培养创造型、复合型的新型人才,这就是创新教育和传统教育在人才培养目标上的根本不同。

在科学技术高度发达的今天,知识的重要性当然不能低估,但创新教育对知识的作用有新的理解。从现代创造心理分析的结果来看,人们智能的高低,与知识积累量有密切的联系。创新教育鼓励人们在工作和学习中,主动地获取知识、掌握知识、运用知识、驾驭知识、利用知识。

根据教育学的观点,人们普遍认为,每个人都具有一定的知识圈,该知识圈范围的大小代表了一个人的知识积累量。传统教育要求人们尽可能把已有知识从外向里输送到这个知识圈中去,使知识圈饱和并扩张;创新教育则不仅要求扩大知识圈的直径,还要求在扩大知识圈的同时,尽量从里向外突破原有知识的范围,产生新的见识。

为实现创新教育培养创造型人才的目标,学习者不仅需要扩大专业知识,更需要进行多学科教育,因为时代的发展要求人们全面掌握各种各样的知识。一个人如果只了解本专业的科学理论和技术方法,而对其他专业和其他领域的事物不熟悉、不了解、不知道,那他就不算是一个成熟或合格的人才。进行多学科教育,有以下两方面意义。

(1) 开展多学科创新教育,可以使学习者不局限在一种专业之中,摆脱一种专业所容易造成的单一思维模式,实现多学科知识互补、优势嫁接,从而在不同思维模式的基础上进行多向思维。

(2) 开展多学科创新教育,可以使学习者从其他学科中,找到自己所学专业的不足之处,可以有意识地抛弃旧知识、吸收新知识,做到有所发现、有所突破,从而在开发自身创造力时得以进步。

因此,无论从学习者创造性思维的培养,还是从学习者创造性能力的提高两方面来看,进行多学科创新教育,都有利于创新教育目标的实现。

6.2 创造学与职业教育

6.2.1 创造学在职业教育中的重要性

职业教育的培养目标决定了推行创新教育责无旁贷,现代社会人才大体被分为四类。

(1) 学术型人才 主要是理论研究的人才。

(2) 工程型人才 要从事有关设计、规划、决策等工作。

(3) 技术型人才 这类人才是在生产第一线或工作现场从事为社会谋取利益的活动,通过他们的工作将工程型人才设计、规划、决策转化为实际的产品。

(4) 技能型人才 他们主要依赖操作技能进行各项工作。

一般说来,培养学术型人才和工程型人才的任务是由普通高等教育来承担的,而职业教育的培养目标就是定位于培养生产、制造、管理和服务第一线高素质的技术型和技能型人才。实践证明,基层劳动者的素质和创造能力不高已经成为制约我国经济发展和增强国际竞争力的"瓶颈",因此,全面提高普通劳动者素质和创造能力已经迫在眉睫。

长期以来,我国的职业教育体系都被认为是职前教育,即专门为培养某一岗位(群)所需人才服务的,并且以围绕这一岗位(岗位群)必需的知识和能力为依据来设置课程,进行教学和实践,强调所学知识对职位(岗位)的针对性。在这样的教育思想的影响下,通过职业教育所培养出来的学生往往出现技能单一、知识面狭窄、创造力低下、综合素质低等情况。在"全面提高我国劳动力素质"的呼声一浪高过一浪的今天,作为培养基层人才的主要基地——职业学校,必须改变原有的教育模式。在职业学校中开展创新教育是培养高素质劳动力的最有效的途径之一。通过对学生创新精神的培养和创造能力的开发,使他们在今后的工作中不只是作为单纯的操作者,进而能够对现有的工艺、流程和管理机制等方面提出自己独特的见解和改革措施。因此,我们说职业教育需要创新教育,在职业学校中大力开展和普及创新教育不仅势在必行,而且大有可为。

创新教育的开展是帮助部分职业学校尽快摆脱困境的途径之一。目前,有部分职业学校因为生源不足而面临着生存危机。生源不足有许多因素,但毕业生就业困难无疑是其中最关键的因素。长期以来,职业学校学生就业沿袭国家统一分配制度,这样一来,对于学校而言,其学生的就业就有了充分的保证。俗话说:"没有压力,就没有动力",正因如此,一些学校虽然在内部管理和教学质量上存在着严重的问题,但是从未予以认真对待,再加上职业教育在评价标准等方面存在一些缺陷,即对学生学习成绩的评价准则,通常是以学科和知识为中心,而不是以社会需要为标准。当国家对毕业生就业制度进行改革,运用双向选择和自主择业取代统一分配制度时,不少学校的学生因为所学技能不高,脱离时代对人才素质的基本要求而在人才市场上缺乏竞争力。

6.2.2 职业学校应大力开展创新教育

1. 目前高职院校在创新教育中存在的问题

(1) 优质教育资源的严重短缺 优质教育资源的严重短缺表现在以下三个方面:一是师资队伍的短缺;二是适合职业院校的教材短缺;三是实习条件的不足。

(2) 教学中存在的弊端 教学中存在的弊端表现为:①传统"应试教育"的影响还根深蒂固,学生的创新思维受到了抑制;②有的教师对职业教育所规定的以"应用技术"为主,理论上做到"必需、够用"的教学原则的理解存在一定的偏差;③课程设置陈旧,跟不上时代发展要求。

(3) 职业人才培养中存在的问题与矛盾 一是面对现实的就业压力和市场的短期需求,专业设置的口径过窄,人才培养的功利导向过重,学生适应职业变化的能力不强。二是对"能力本位"、"技术应用"的原则做简单、片面的理解,教学和研究的学术性不强,课程的结构不合理,基础理论和专业课程比重过小,学生缺乏可持续发展的能力,后劲不足。同时,在职业人才培养中存在着几对矛盾,如高等性与职业性的矛盾;能力本位与素质发展的矛盾;针对性与适应性、创造性之间的矛盾。正是这些目前职业院校中在创新教育中存在的问题,使得如何实施职业学校创新教育、培养学生创新能力,成为了一个有待解决的课题。

2. 职业学校开展创造教育的途径

实施职业院校创新教育是一项宏大的社会系统工程,它涉及观念、学校、教师、家长和社会环境等多方面的关系。

1) 建设创新型师资队伍

建设一支数量适宜、结构合理、双师型、具有现代教育水准的高素质的高职院校师资队伍是实施高职创新教育的根本保证。教师要增强实施创新教育的紧迫感,只有具有创新知识和创新精神的教师,才能担负起培养创新人才的使命。知识是培养创新能力的基础,教师知识面要广,专业知识要精湛,不但熟悉自己所教本门学科最基础的知识,清楚该学科的最新动态、最新进展、最新成果及其相关学科,而且还要通晓创新教育、素质教育的方法,尤其要具有技术创新和探求新知识的能力,能够创造出新的教学成果。因此教师要具有创新意识和创新思维,以独特的教学风格进行创新教学。

2) 设置创造学课程,普及创造学知识

通过设置有关创造学的专门课程,系统地向学生传递有关创造的知识、方法、技巧。比如讲授有关创造开发的内容,让学生了解什么是创造力,创造力对人类的重要性以及怎样开发创造力;对学生进行创造技法训练,以达到教会学生如何进行创造、创新。同时,为培养学生的综合实践能力,全面贯彻职教的教学目标和培养目标,使学生能够更好地应对今后工作的需要,教师应更多地关注学生有关创新的实践活动,鼓励学生开展与所学专业相关的创造发明活动,如指导烹饪专业的学生通过选择不同原材料进行组合而创新出新的菜系;指导工科学生针对生产实习中遇到的问题进行诸如节约能源、节省费用、减少工序、提高效率等小革新或小创造,使学生将所学的创造理论与实践紧密结合,培养和提高学生的创造力。

3) 改革教学模式,培养创造能力

培养职校生的创造力,应从教学的各个环节入手逐步进行改革,将创新教育的教学原则、方法贯穿于教学的全过程。

(1) 精选教学内容,激发学生创造热情和创造动机。虽然创造要以丰富的知识储备为基础,然而,落后、过时和陈旧的知识不能激发学生的创造性思维。因此在教学中应精选教学内容,舍弃那些过时的、落后于社会发展的旧知识,补充能够体现出本专业、本学科最前沿发展动态的教学内容;引导学生不断吸收最新科技信息,并结合本专业、学科的现状,启发学生去思考、去发现它们现有的不足,激发学生产生改变现状的欲望,促使创新意识的产生。可分类进行:

① 机械类——机构创意组合创新

- 基本机构的运动特性实验　拼接基本机构或基本机构的组合件,学生可自行设计机构,或参考指导书所提供的运动方案进行拼接。通过拼接、调试,可以使学生发现许多基本机构及机械设计中的典型问题,通过解决问题,可以对运动方案设计中的一些基本知识点融会贯通,对基本机构的运动特性有一个更全面、更深入的理解和掌握,同时也培养了学生工程实践的动手能力。
- 基于机构组成原理的创新设计实验　通过将自由度为零的杆组依次叠加到机架和原动件上去的方法,产生新机构,通过该实验使学生进一步掌握机构的组成原理。
- 运动组合创新设计实验　通过对构件运动副的型、数综合,可以实现构件和运动副的组合创新;通过基本机构的串、并、混联组合,可以实现机构的组合创新。

② 电子类——DSP、ARM 控制实验平台

可以进行机器人运动控制;数控机床控制。

③ 其他创新实验活动

实验制作、作品外壳加工制作、创新构思讨论等活动。

(2) 教学过程应体现创新教育的原则,培养学生的创新思维。教学过程应体现创新教育的平等性及开放性原则,打破"问题——解答——结论"的以教师为中心的封闭式教学过程,构建"问题——探索——结论——再问题——再探索"的以学生为中心的开放式教学过程,并且在教学过程中实行诸如讨论、辩论、演讲等教学形式,让学生通过交流相互学习,促使发散思维的形成。

创新教育工作者认为教学目的不只是教会解答、掌握结论,而是在探究解决问题的过程中锻炼思维、发展能力、激发欲望,从而主动寻找和发现新的问题。问题形成是创造的起点,是新思想、新方法产生的开始,而思想观点的激烈碰撞产生的火花,又对新思想、新方法的最后形成具有很大帮助。灌输式、注入式的教学方式束缚学生创造性思维的形成,不利于学生

创新精神的培养,只有讨论、辩论、自学和实验等开放式的教学基本形式才能真正培养学生的创造性思维。

4)在实践课中培养学生的创造力

作为职业教育课程构成体系中一个重要组成部分——实践课程,对于创造性人才培养的作用不可小视,必须要在实践课中运用创新教育的原则和方法,培养学生的综合实践能力。例如,在实践课上,让学生独立地完成一件作品,从作品内容选定、计划的制订、材料的选择、完成的过程到最后报告的撰写,教师都不加以干涉,放手让学生发散思维、独立操作。图6.1所示的例证就是江苏技术师范学院对机械类学生进行创新与技能训练的图例,在大四的第二学期设置了两周的专业综合实践设计与训练,让学生独立地从机械零件的"三维实体造形——CAM——计算机辅助数控编程——加工出零件实物"全过程的创新训练,鼓励学生大胆创新。其目的是为了让学生将课堂上学到的知识运用到实际中去,这样不仅可以锻炼学生独立思考的动脑能力和独立操作的动手能力,提高综合实践能力和创造能力,还可以使学生通过经历挫折、体验创造的艰辛,从而培养出良好的创新人格。

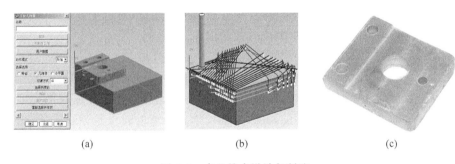

图6.1 专业综合设计与制造
(a)零件三维造形;(b)数控加工刀路仿真;(c)制造的零件实物

5)树立平等的创新教育观,建立良好的创新环境

平等性是创新教育所强调的指导原则,其内涵包括:

(1)受教育者和教育者之间的平等;

(2)受教育者和受教育者之间的平等。

这就是说,创造力的表现可能各有差异,但人人都有创造力,每个人在创造面前都是平等的。虽然职校生在某些方面相比于重点学校学生来说差一些,但是作为教育工作者来说,不能因此就轻视他们,甚至放弃他们,而要关心他们,重视他们,相信他们也具有创造的能力。同时在教学过程中面向全体学生进行创新教育,挖掘所有学生的潜力。我们说民主、平等、自由的教育氛围是创造成果产生的肥沃土壤,是创新素质形成中不可缺少的重要方面,只有在平等、民主的氛围中,才会有健全的人格,才会有敏捷、活跃的思维,从而促使创造潜能的迸发。

6)要鼓励企业参与到职业院校的创新教育中去

企业参与到职业院校的创新教育中,可以为学生提供一定的实习场地和条件,可以让学生在走出学校前初步了解社会,可以为学生的创新提供课题来源。另外,学校可以派遣相关专业的教师到企业参观学习,从而改进教学,使教学更加贴合实际,更加适应社会发展。因此,企业的参与对促进高职院校的创新教育必将大有益处。只要我们坚持不懈地去探索与实践,一定会把职业教学水平提高到一个崭新的高度,使职业学校学生具备创新精神和创新能力。

6.2.3　职业学校创新教育的必要条件

创新教育的必要条件是建设良好的校园创新环境。

培养创新人才,必须改革现有的教育模式,实施创新教育,为学生提供一个宽松的、使其创新潜能得以激发、展现和生长的环境。在网络经济条件下,只有在学校和社会都为学生营造了适宜培养创新精神和创新能力的创新环境,充分发挥网络在信息传播和改变教育教学模式方面的作用,才能真正培养出我国社会主义建设所急需的创新人才。

培养创新人才的根基还在学校,学校素质教育和创新教育环境的好坏至关重要。只有大力加强学校内部创新教育环境的建设,营造出了一个良好的素质教育和创新教育的创新环境,才能真正使创新人才的培养落到实处。校园创新环境的建设是一个系统工程,它包含很多因素,牵涉方方面面。在网络时代除了抓好校园网的建设,对学生进行网上获取知识信息的培养教育之外,对此应抓好以下几个方面的工作。

1. 校领导要重视校园创新教育环境的建设

学校领导要提高认识、转变观念,真正从知识经济时代对创新人才需求的高度,从创新人才培养对国家的发展及生死存亡的高度,从学校创新环境的建设是创新人才培养的必要条件的高度,来认识学校创新环境建设的重要性。校领导不但要拿出经费投资建设良好的创新教育环境,而且也要定出目标,积极倡导,合理组织,精心实施,有效监督,营造出一个良好的培养创新意识、创新精神、创新能力、创新人才的创新软环境。

2. 要创建一个合理的组织环境

任何一个目标的实现必须有与之相适应的组织形式。创新人才的培养,要有与之相配套的组织机构。它不同于应试教育所存在的组织机构,而是应该围绕创新人才的培养进行组织创新、制度创新。形成一个良好的、有效的、运转灵活的组织机构。比如可设立学校创新人才培养指导委员会,专门研究管理学校创新人才培养方面的具体事情。团委、学生会要以如何适应新时代对培养创新人才的要求出发,研究新情况、解决新问题,继续发挥密切联系学生、引导学生、组织学生的作用。要研究如何组织各种形式、各种层次的兴趣小组、创新小组,这些小组应该如何活动等情况。校内各职能部门也要积极响应、相互配合,共同为创新环境的建立创造良好的条件。

3. 从课堂教学抓起

倡导素质教育,其核心就是培养学生的创新意识、创新精神、创新能力和创新人格。如何开发并培养学生的创新能力,课堂教学仍是主渠道。要充分发挥这一主渠道的作用,教师必须转变观念,注重培养学生的创造能力。课堂教学是师生情感交流的场所,应以学生为主体,教师为主导。在应试教育模式下,教师习惯于"满堂灌"、"一言堂",学生擅长于知识的接受和模仿,缺乏创造能力和创新意识。而在素质教育和创新教育模式下,课堂教学中,教师要充分给予学生参与的权利和机会,鼓励引导学生讨论、质疑,发表自己的见解。创新教学的艺术不在于传授,而在于激励、启发、引导;教师的职责不在于"教"而在于指导学生"学";教师的角色定位不应是一个好"演员",而应是一个好"导演"。

4. 教材创新

教材是教师教和学生学的主要媒体。没有一套好的具有创新精神的教材,开展课堂创新恐怕也是一句空话。好在目前教育主管部门、教材出版部门和各类学校都已意识到了这一点。教育主管部门和有关出版社已经组织编写、出版不同层次、多种形式的教材。这些从文字教材、音像教材、电子教材到网络教材应有尽有。另外,各学校还依据自身特点开发新的创新教材,不仅高校编写出大量的结合自己特色的创新教材,中小学也开始编写适合本校使用的创新教材。如某高校就鼓励教师自主设计课程、自主探索课程的规律,开设了"以案学法"、"环保行动"、"经历求职"等课程。这些课程强调学生的问题意识、探索体验,充分让学生感受知识的发生、发展过程,感受科学意识、创新精神。学生可以根据自己的兴趣爱好、个性特长发展的需要,进行选择性学习,甚至可以自报选修课程、自主进行课题探索、研究,初步调查有83%的学生认为开设这样的课程很有必要。

5. 开展各种形式的创新活动

(1) 成立学生兴趣小组　学习的最好刺激,是对所学材料的兴趣。兴趣是入门的向导,兴趣是创造力的源泉。我们追溯历史不难发现,很多成功的科学家、艺术家都是由对所从事专业的兴趣而走上了成功之路。达尔文对生物学的兴趣,写出了《物种的起源》;爱迪生痴迷发明,而获得了一千多项专利;丁肇中对物理学有兴趣,获得了诺贝尔奖。培养兴趣,开发学生的创造性思维,兴趣小组无疑是一种好形式。

(2) 定期(或不定期)地举办多种形式的创新竞赛、创新展览会、科技小制作、创新电视大奖赛、计算机建模、设计大赛、联网创造、网络远程创新大赛等,是使创新活动充满活力的强大杠杆。

(3) 设立创新主页,利用网络进行创新　互联网和多媒体技术已成为拓展人类能力的创造性工具。为了适应科学技术高速发展及经济全球化的挑战,发达国家已经开始把注意力放在培养学生一系列创新能力上,特别要求学生具备迅速地筛选和获取信息、准确地鉴别信息真伪、创造性地加工和处理信息的能力。因为这些能力在网络时代是学生创新的基础能力,是与读、写、算同等重要的基本能力。

(4) 参与教师的科研项目,使课程设计和毕业设计与实践相结合　这样可使学生更早地接触科研创新活动,并受到教师更多的直接指导。

(5) 设立必要的学生教学实习与社会实验基地　学生教学实习与社会实线活动是培养高质量人才的重要教学环节之一,是指导学生理论联系实际、培养学生综合素质和创新意识的重要途径。

(6) 举办多种形式的专家报告会　这在培养学生科学精神、创新意识和科学方法等方面,有着良好的启示作用。同时也是让学生更多、更广的了解掌握国际科技、经济发展前沿信息的有效方法。

6.2.4 创新教育中教师应具备的素质

创新教育的宗旨就是教师以创造性的劳动,培养具有创新素质的学生。职业院校教师要把自己的工作变为创造性劳动,必须具备以下素质。

1. 具有创新的教育观念

学生创新能力的培养并非一蹴而就,它需要较长时间的积累。要做到这一点,教师必须摒弃传统教育观念,真正树立创新教育思想,要有强烈的培养学生创新能力的意识,并把这种意识贯穿在教育教学活动中。创新的教育观念主要包含以下三个方面:

(1) 正确的人才观　教育具有超前性,必须考虑未来对人才的需要,为学生将来适应时代要求做好知识、智力和能力准备,今天的学生,将来都是各行各业的建设人才,要相信每个学生都蕴藏着创造潜能,每个学生都能学好,都能成才。

(2) 正确的学生观　学生既是认识的主体,也是发展的主体。教师在课堂教学中要区别对待、因材施教,要使每个学生都在原有的基础上有所进步、有所发展。

(3) 正确的教学观　教学过程是教师主导下的学生个体的认识过程和发展过程。学生的地位不能视为知识的被动接收器,而是作为学习的主体来对待学生的任务,不仅是接受科学文化知识,更重要的是在接受文化知识的同时发展自己的智能。

2. 具有创新性的思维方法

创新性思维是一个人创新能力的核心,它支配着创新性活动。一个不善于进行创新性思维的人,就很难发挥自己的创新能力。创新思维最重要的特征是批判性和发散性。因此,要培养学生的创新能力,教师必须首先摆脱复制型思维,学会用批判性思维分析和组织教学活动。所以,教师只有打破常规,突破习惯性思维定式,学会并善于运用发散性创新思维的方式分析、思考和研究问题,开发自身创新能力,才能有效地引导学生进行创新性思维活动。

3. 具有较高的情感智力

创新离不开智慧,但是智慧不等于创新。创新性的典范人物之所以成功,首先不是他们的渊博知识而是他们的理想、道德、志向、兴趣、意志等情感因素的作用。譬如爱迪生的痴迷,居里夫人的人格境界,诺贝尔的牺牲精神等。理想、道德、信念是创新的灵魂。居里夫人因其重大的科学发现两次获诺贝尔奖,而这首先要归功于她高尚的人格,这一点比起她的科学贡献更加突出、更加有价值。热爱、迷恋、追求是创新的动力源泉,对事物强烈的好奇心,对科学高度的痴迷,对真理的执著追求都是科学家、思想家的共同追求。独立性、激情、意志等是创新的根本保证,没有激情做动力,就不可能有足够的勇气做别人没做过的事情;意志是坚定的自主性和持久激情的外在表现。创新的过程不会一帆风顺,没有毅力就无法抗拒挫折,也就无法获得成功。

4. 具有良好的知识结构

创新离不开知识这个基础和源泉,良好的知识结构离不开扎实的基础知识、精深的专业知识和广泛的邻近科学知识。换言之,就是具有较高的文化素养、精湛的学科知识及广泛的知识兴趣。没有知识做基础,就无法对事物进行科学的想象、判断、归纳、综合,知识是创新的源泉,只有不断接触新科学,扩大知识面,才有利于发展自己,提高自己的文化修养,并使自身潜力得到发展。因此,作为一名教师,只有不断地用知识来丰富、充实、提高自己,并使知识转化为智力因素,才可能在教学上有所突破、有所创新。

5. 具有创新性教学能力

对于教师来说,具有创新素质,最重要的是把这种创新能力应用于教学实践上,对学生进行创新性的教学,开发学生的创新能力,这样才能造就大批具有创新素质的人才。教师的创新性教学能力主要体现在以下三个方面:

(1) 创新性把握教材的能力　创新性教学要完成开发潜能和传授教学大纲规定的教学内容的双重任务。这就要求教师对现行教材内容进行合理提炼、组合,挖掘和利用教材中蕴涵的创新教育因素,把握知识点、切入点和发散点,并适当引进科技新信息和社会经济新热点,将教学大纲规定的基本知识、基本技能的传授与创新性思维和创新能力的培养提高有机结合起来,把创新教育渗透、贯穿到教学中去。

(2) 创新性运用教法的能力　"教有法、教无定法、得法者事半功倍",教师要将创新教育的原理和原则应用于教学方法的改革中,形成新的教学结构与方法。设计和采用有利于激发学生学习积极性、主动性和开发学生创新性思维的教学方法,促进教学过程由知识的传授、掌握向知识的运用与发现过渡。通过灵活运用创设情境、激起疑问、求异发散、引导发现、动手操作等多种方法,使学生变"要我学"为"我要学",同时获得摄取知识、运用知识的能力与方法,达到"会学"的目的。

(3) 创新性教学应变的能力　在教学实践的活动中教师能够针对教学对象、教学内容和教学情景的特点,有的放矢地提出新见解、创造新方法。教学过程中,善于针对学生个性特点和当时的情景,随机应变地对意想不到的偶发事件进行迅速、巧妙而正确的处理和决策。在正常教学计划的实施中,善于捕捉反馈信息,据此及时巧妙地设计安排,使教学左右逢源、得心应手。

6.3　创新型人才的培养

什么是创新型人才?一般认为,只有那些具备优良品质、突出才智、雄伟胆识、坚强意志,富有创新意识,具有创新精神,熟悉创新原理,掌握创新方法,在各种社会实践活动中,以自己的创造性思维和创造性劳动去认识世界并改造世界,从而为人类的和平幸福、社会的繁荣昌盛和科学的进步发达做出贡献的人,才是创新型人才。其中,创造型思维和创造性劳动起着最关键的作用。因为,无论是较低水平的发明创造,还是较高水平的发明创造,都不是简单重复性劳动,都是向新的知识、新的领域所进行的艰苦探索和顽强进军。创造性思维是创造活动的动力源和导航台,而人们的创造精神和创造才干只能在创造性劳动中才能得到体现。

人是创造活动的主宰者和实施者,是创造过程的原点与核心。创造的成果,是创造者在一定的社会环境条件下,将自己的品德、才智、胆识和毅力等特殊物质付诸创造实践的体现,是创造者智慧、道德意志等多种心智活动在创新水平上的高度发挥。由此可见,创新型人才具有由知识、智力和技能组成的才智支持系统以及由品德和毅力组成的非才智支持系统,其构造关系如图 6.2 所示。

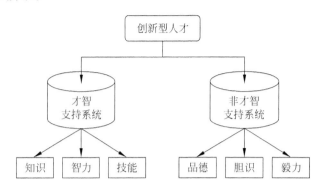

图 6.2　创新型人才结构示意图

目前国际创造学界流传着三句名言："智力比知识更重要"、"素质比智力更重要"、"觉悟比素质更重要。"

对于创新型人才来说，觉悟是与他们的品德紧紧联系在一起的，而品德则是构成创新型人才非才智支持系统的最主要因素。爱因斯坦在悼念居里夫人时曾说："一个人对于时代和历史进程的意义，在其道德品质方面，也许比单纯的才智成就方面更为重要。"由此可见，只有当人们能将才智支持系统与非才智系统有机地联系在一起，使之协调地运作，才能成为真正的创新型人才。

培养创新型人才，首先要了解其人才的知识和能力结构，也就是要了解创新型人才所必须具备的条件。根据大批人才成功的经验和失败的教训，创新型人才结构可归纳为"四个基本"，如图 6.3 所示。

图 6.3　创新型人才结构示意图

基本知识与专业理论是创新型人才结构中的重要组成部分，但对造就创新型人才起着重大作用的却是基本素质和科学方法。没基本素质，一个人就不可能成为创新型人才，好比"巧妇难为无米之炊"；但是一旦培养对象掌握了科学方法，反过来可以提高并改良其基本素质，正所谓"先天不足后天补"。

基本素质中的自然素质在一定程度上是有遗传和体质所决定的。自然素质包括记忆力、观察力、好奇心、兴趣、爱好等，这些素质是可以培养并提高的。

基本素质中的精神素质主要是毅力与动力。毅力是献身精神与责任感；动力则是爱国主义与事业心。精神素质是创新型人才结构的核心，没有优良的精神素质就不能成为创新型人才。精神素质是可以后天培养的，因此，从理论上说，任何正常的人都有造就为创新型人才的可能性。

培养创新型人才是一个系统工程。一般来说，高校培养人才必需的要素，有师资、学科、实训、科研以及育人文化环境等。培养创新型人才，就必须着眼于整个培育系统的创新。即要从树立创新的办学和育人理念入手，实现教学教育的创新、科研教育的创新、管理教育的创新。同时要大力发展并且不断丰富高校的创新文化，努力培育创新精神。通过不断推进制度创新、机制创新，为培养创新型人才提供科学的理论指导、有力的制度保障和良好的文化氛围。尤其重要的是，在通过系统创新提升创新型人才培养水平的过程中，必须重视既要大力提倡敢为人先、敢冒风险的精神；又要大力倡导敢于创新、勇于竞争和宽容失败的精神。只有这样，"想创新、求创新、敢创新、能创新"的良好氛围才能够形成，培养创新型人才和建设创新型大学才能够落到实处。

1. 培养创新人才的有效途径

（1）强化创新意识的教育　对大学生首先必须强化创新动力观教育；其次，强化创新主体观教育，冲破求稳循规的思想羁绊，培养学生敢于创新的意识。

（2）增强创新思维的训练　思维具有时空的超越特性，这种超越性正是所有创意的来源。我们对大学生创新思维的激发和启发，必须从发散思维和聚合思维的结合中，训练学生的抽象思维；必须从形象联想和表象想象的结合中，训练学生的形象思维；从直觉体悟和灵感激发的结合中，训练学生的灵感思维。

（3）注重创新能力的培养　创新能力应该体现在大学生吸取知识的能力上，不仅看他学习过多少知识，还要看他在多大程度上将人类文化的精神内化为自身的素养，成为他自身不可分割的一部分；这种创新能力还应体现在对周围事物的理解能力、应变能力和对未来知识的驾驭能力上。

（4）着力创新人格的塑造　创新人格就是创新人才的情感、意志、理想和信仰等综合内化而形成的全面发展的现代人格。在创新人格的培养和塑造过程中，我们既要引导学生在自学进取中培养自信，还要引导学生在战胜挫折中培养意志和在对待利益关系调整中树立正确的人生态度。

2. 构建培养创新人才的新机制

（1）要转变教育思想、破除传统的人才观、树立创新人才观　要建立起培养创新人才的机制，必须自上而下转变传统观念，建立起新的人才观，把具备创新意识、创新能力作为对人才基本素质的内在要求，为在高校建立起培养创新人才的机制作好思想准备，并成为全校师生的自觉要求。

（2）更新教学内容、改革教学方法　在有些大学里，一些教学内容大大地落后于时代要求。因此，应精简陈旧落后的课程内容，增加现代科技基本原理，介绍学科的新发展、新成果，拓宽专业面。在教学方法上变"满堂灌"为"启发式"，调动学生自主学习的主观能动性。遵循"创新源于实践"的原则，从工程实际和应用出发，推进课程体系改革，注重对学生工程基础知识和实践能力的综合培养,进一步建设创新实验室,通过工程训练、生产实践等环节来提高学生的综合素质,逐步跨越基础能力培养层次、综合能力培养层次、研究能力培养层次,达到培养创新意识的目的,为学生的大工程观塑造提供优质平台。

(3) 建立有利于创新人才脱颖而出的评选指标体系　高考升学的选拔标准、三好学生和优秀教师的评选标准、教育评价制度等都要考虑到创新意识、创新能力等因素。

3. 要形成一种宽松的学术风气

要允许各种学术思想的充分讨论。

总之,对人才来说,最重要的素质是创造性地应对多元的、不断变化着的环境的能力。社会的发展、人才的成长,客观要求学校必须创新人才培养模式,建立新的创新机制,采用科学有效的教育方法和手段,最大限度地去开启挖掘人的创新思想、创新能力、创新人格和创新精神,以实现培养和造就人才的目的。

6.4 实例

6.4.1 创新教育教学设计案例

以表 6.2 所列的"怎样实现创新设计"为教学设计创新案例。

表 6.2 "怎样实现创新设计"教学设计

课题	怎样实现创新设计		课型	新授课
教学目标	1. 知道创新思维的基本特征,会识别创新设计的三种类型			
	2. 能对某些设计方案提出创新优化设计的见解			
	3. 初步形成敢于创新的思维品质,培养富于想象和敢于表现的个性品质及良好的合作交流态度			
教材分析	主要内容	"怎样实现创新设计"包括两个方面的内容:"创新思维的特征"和"创新设计的类型",是实现创新设计、优化方案的思想基础。注重学生创造潜能的开发,突出学生创新精神的培养是通用技术的一个很重要的课程理念,通过学习主要帮助学生学会从哪些方面思考来优化设计。创新思维是优化设计的基础,优化设计为创新思维的发展提供了平台		
	重点	创新思维的特征		
	难点	对原理优化创新的理解		
学情分析	1. 学生经历了绘制设计图纸、制作设计模型之后,会对设计工作产生疲劳感,从而降低对优化设计的兴趣			
	2. 学生对自己的设计倾注了心血,往往满足于已有的设计,也可能会对优化设计产生抵触情绪,所以应充分注意学生的学习态度方面的个体性差异			
教学设想	1. 让学生掌握创新思维的特征可以用创新思维案例作情景导入,然后进行案例分析,再让学生联系自己学习、生活实际即兴讨论交流,回顾自己在什么情况下运用过创新思维方法,以加深对创新思维特征的认识			
	2. 对于创新设计的类型的讲解,主要通过多种实例说明三种类型,最好让学生亲自在活动中体会,而无须老师讲过多的原理和理论。例如教师准备一种学习或生活用品,要求学生提出创新或改进的意见,让学生亲历创新过程,学会创新方法。要注意组织好活动,让活动达到应有的效果			
教学方法	采用情景导入法、案例分析法、图例讲解法、即兴讨论法等教学方法			

续表

课题	怎样实现创新设计	课型	新授课
教学环节	教师活动	学生活动	授课说明
课题引入	展示各种创新设计图片 设计是一种富有创新性的技术活动,在设计实践中很多人因循守旧,照搬照抄,有的人则脱颖而出,取得成果,这是因为后者在设计中运用了创新思维	思考:学生怎样提高自己创新设计能力?创新思维有什么特征?	用创新思维示例作情景导入,引发学生的兴趣
案例分析	指导学生阅读和分析教材有关压力锅的案例	观察、阅读、分析案例	针对学生的分析,归纳总结
讲授新课	讲解创新思维的三个主要特征 案例:前苏联车工邱吉柯夫发明摩擦焊接技术	讨论得出结论,通过偶然事件由此及彼,体现出<u>开放性</u>特征	开放性表现为思维的连动和突变
	案例:提问如何解决毛毛虫过河问题 学生讨论回答后,教师提出可以从一个完全不同的角度重新考虑,如将河水抽干,或者从桥上过去或变成蝴蝶飞过去等	考虑利用桥、船、飞行器、人、木棍等不同方法,体现<u>多向性</u>	多向性从一点向多个方向扩散和发展以求新的思路
	案例:日本新力公司的江崎和黑田百合子发现在锗的纯度降低到原来的一半时形成一种性能优异的电晶体,获得诺贝尔奖	学生分析<u>独立性</u>特点是敢于追求与众不同、前所未有的见解、大胆突破、独辟蹊径、标新立异、新颖	独立性的思维往往能使设计标新立异
问题思考		讨论压力锅的创新设计案例中哪些地方体现了创新思维特征?	进一步思考案例
讨论交流	提出几个脑筋急转弯题目,启发引导学生积极思维,充分发挥学生的创新思维,提高学生的兴趣	积极思考,热烈回答,进而理解创新思维的特征	即兴讨论以加深对创新思维特征的认识
问题深入	展示实例、图例、设计原理模型 在解决了第一个问题的基础上,提出设计可以从哪些方面考虑创新?	积极思维,调动已有的知识经验	通过这一步引入创新设计的类型
讲授新课	讲解创新设计的典型类型(展示图片):录音机与随身听; 塑料直尺与数显量具; 各种外形的手机; 五彩缤纷的花灯 提问:以上图片都体现了设计的创新,但在创新方式上又有些不同,请指出来,并说明有什么不同?	仔细看图,分析讨论五组图片在创新设计上有哪些不同? 并总结出创新设计的三个种类: 原理创新; 结构创新; 外观创新	图例讲解创新设计类型,让学生更清晰地认识这些类型
练一练	教师展示一些学习、生活用品(如易拉罐),要求学生用创新思维的方法,提出创新或改进意见,然后将学生的优化意见分类,加以简要评价	方法:同桌前后为一组在两分钟内,每人对该产品提出优化意见,然后相互交换卡片,进而再提出一条优化意见,最后将意见作简短报告	让学生亲历创新过程,学会创新思维的方法
活动拓展	(1)对你自己设计的学习用品盒有哪些创新意见和改进? (2)课外收集创新思维方法和脑筋急转弯题目		
板书	怎样实现创新设计 创新设计的特征:(1)开放性;(2)多向性;(3)独立性 创新设计的类型:(1)原理创新;(2)结构创新;(3)外观创新		

6.4.2 学生作品

经过创新教育后,富有时代气息的学生部分创新作品如图 6.4 所示。

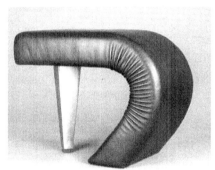
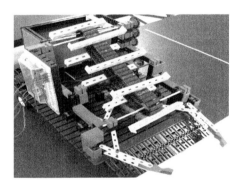

图 6.4 学生的创新作品

第7章 大学生创业计划范例

本章列举大学生创业计划竞赛实例——路面吸尘汽车创业计划,该计划荣获 2004 年全国大学生创业计划竞赛三等奖。

7.1 公司规划

中国绿色环保设备有限责任公司是一个虚拟公司,它生产集灰尘清扫、吸滤等功能于一体的清洁式吸尘汽车。图 7.1 所示的产品已获得国家实用新型专利(ZL 02 2 55016. X.)。本公司提倡科技为本的绿色生活理念,为城市居民提供了一种能改善生活环境质量的高性能清洁工具。

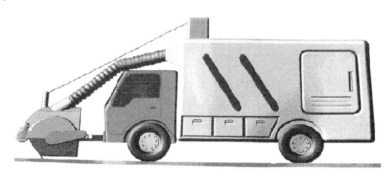

图 7.1 路面吸尘汽车

本公司的吸尘汽车分为大、中、小等型号,小型主要适用于人行道、里弄等狭小地域清扫,中、大型主要适用于市政道路、机场等大型地域清扫。

技术状况和产品质量是产品能否占有市场的首要条件,低廉的价格又是产品迅速推向市场的重要因素。因此本产品依靠专利技术、合适选料在劳动力资源丰富的欠发达地区组装,让产品保持较低的售价,以适应国情,让我国大部分城市,尤其是北方经济状况较差的中、小城市都能使用上本公司的产品。

本公司集研发、生产、销售、代理、服务为一体,将拥有清洁机械研究所、成套环保清洁机械产品展示中心、现代化的组装车间、测试中心、职工培训中心等设施。将进入相关市场,拓宽产品领域,形成以城市路面吸尘机械为核心的多元化经营集团公司。

1. 产品市场

吸尘机械市场基本属于市政、环卫及单位集团市场,购买过程属集团购买行为。随着人们对城市环境及道路作业安全性的更高要求,20 世纪末先进水平的多功能道路清扫车在国外已普遍使用。

由于我国尚属发展中国家,城市环境卫生问题比较突出,城市可吸入颗粒物这一污染指数仍然很高。目前,本领域的专业人士亦在设计各种清洁设备,但就其解决灰尘这一难题的办法还很欠缺,基本多以清扫为主,除尘功能明显不足,而价格偏高,不易普及。本公司发明的吸尘汽车将就这一切入点而进入市场。

路面吸尘车辆采用渗透定价策略进入市场。本公司的大、中、小型吸尘汽车的价格基本上是国内同类产品价格的三分之二左右,因而销售价格空间较大。

公司根据气候条件、地理位置、人口分布、经济状况等要素,将全国划分为七个销售片区,负责片区内的销售和售后服务,力争建立完善的营销和服务网络。

产品进入市场过程中将采取租赁和分期付款作为促销和提高市场占有率的手段。

领先且工艺独特的吸尘车辆专利技术是生产开发相关产品的关键。公司将建立 ISO 9000 质量管理体系和 ISO 14000 环境管理体系,力争获得 ISO 9000 质量管理认证和 ISO 14000 环境管理认证。

2. 投资与财务

公司设在 HN 经济技术开发区,享受"五免五减半"的税收优惠政策。

公司成立初期共需资金 3832 万元,其中项目建设资金 806 万元,用于固定资产投资 581.7 万元,流动资产 2444 万元。

股本结构及规模暂定为:公司注册资本 806 万元。其中外来风险投资入股 506 万元(62.78%);HN 大学专利技术入股 100 万元(12.41%),资金入股 100 万元(12.41%);有限公司设备入股 100 万元(12.41%)。

第一年估计赢利 1243.58 万元,以后每年销售利润率为 26.57% 左右,投资利润率为 32.45%,投资回收期为 3 年。

通过对产品价格、单位产品变动成本以及业务量上的敏感性分析可知公司在三者变化 ±10% 的范围内,内部报酬率仍高达 40.12%,说明公司能承担风险,具有运营的可靠性。

风险资金最好在第 5~7 年退出,采用管理层收购方式比较适合本公司。

为了生存和发展,企业将通过对内投资和对外投资等多种形式扩大企业规模,后期通过购买和出售有价证券来调剂资金,保持资产的良好流动性,降低风险,增加企业收益。另外通过资金的投入和退出,实现资产优化组合和多元化经营。

3. 组织与人力资源

创业初期,公司组织结构采用直线职能制。所有权与经营权相分离,设执行董事一名,行使董事长职权,公司实行总经理负责制。

公司坚持"以人为本"的管理理念,实行积极的人力资源战略,采用科学的人员招聘、选拔、培训方式,采用全新的绩效管理模式,制定合理的薪酬制度。

7.2 项目背景

7.2.1 环境现状

随着城市生活水平日益提高，人们对环境质量要求也日益强烈，但是我国大多数城市的环境质量特别是长江以北的内地城市和国外发达国家以及我国沿海东南部城市相比还有很大差距，尽管政府在市政建设上每年都在加大投资，建设道路，环卫保洁年年都在加强，卫生状况虽逐渐改善，但是由于我国大多数内地城市所处的地理位置以及土质、风沙、城建等因素，以至今后城市灰尘问题仍将在相当长的时间困扰我们。

目前，内地绝大多数城市的清洁工作仍然延续传统的方式——人工清扫。人工清扫不但费时费力，而且清扫时灰尘四起，我国北方那些受沙尘暴侵害的城市和地区，灰尘污染就更大。经清扫后路面留下的灰尘则被各种交通工具来回带起，漫天飞舞，经久不息。除此之外，各大单位、企业、厂矿情况也是如此，有的甚至更为严重。例如，位于长江以北的HN市，城市周边有数座煤矿，煤矿的生产给市区带来大量的粉尘，加上该地属于淮北平原，土质为黏性土壤，平时特别是雨天从四面八方带入市区道路的泥土较多，质地又细，这样煤灰加粉尘就使这座城市的天空经常是灰蒙蒙的，灰尘污染比较严重，空气中的可吸入颗粒物始终居高不下，类似该市情况的内地城市还有很多。

现状告诉我们，现代城市确实需要一种能够解决灰尘问题的专业清洁机械。

目前，我国城市清洁机械基本属于清扫型，除尘性能明显不足或根本不具备，而且价格偏高，也只是在少数有条件的城市使用。例如，一些城市使用的清扫汽车，在车前部有两只旋转的圆盘式尼龙扫帚，虽然清洁速度增加了，节省了人力，但依然属于清扫型，与人工清扫相比没有多少区别。在车前部旋转的扫帚仍然会让灰尘四起，缺点明显。

国内一些清洁设备厂商近年来也在研发专用除尘清扫机械，但苦于一些关键技术难题无法解决，至今未能成功。这些难题包括：马路边上的水泥台阶（俗称马路牙子）是个障碍，机械难以避免与之摩擦而损坏；吸斗内毛滚材料（易磨损问题）也不好解决；毛滚打起灰尘的同时要带起一些质轻片大的垃圾，例如树叶、纸张、塑料袋等，这种轻质垃圾易堵塞滤网，难以处理；还有滤网怎样布置才能有效使其落灰；滤箱如何设计配置才能让滤灰工作连续快速进行等。

本公司发明的吸尘汽车便能解决上述问题，其除尘原理可靠，效果明显，不受地形地貌限制，而且造价低廉，售价仅为同类产品的三分之二，一般经济状况较差的地区和城市均能接受。产品维修简单，使用单位经短期培训即可掌握。经测算，使用本产品后，城市道路灰尘可吸入颗粒物将减少60%以上（特殊的天气情况除外），对城市有明显的降尘作用，除尘优点明显高于其他同类产品。

7.2.2 产品概述

"中科"牌吸尘汽车是中国绿色环保设备有限责任公司的一种新型环卫清洁机械，主要是对城市道路中的灰尘进行清除的一种专用设备，公司拥有自主知识产权。

1. 产品组成及创新原理

本产品是一种吸尘汽车,它分为底盘部分和车载除尘设备部分,如图 7.2 所示。底盘采用国产平头载重汽车,分大、中、小型,尾气排放达到欧洲Ⅱ排放标准,如山西省大同汽车制造厂生产的使用全甲醇新式发动机的汽车底盘(它的成本与普通汽车发动机相当,解决了汽车尾气对环境的污染问题。由于甲醇价格仅是汽油的一半,甲醇发动机可大大降低汽车燃料成本)。底盘改装主要是双驾驶系统的改进及吸除尘设备的安装以及吸斗所需动力传输装置的安装,车载除尘设备部分主要由前吸斗、双过滤箱组成。本产品的核心技术是吸斗技术和双滤箱,其设计不同于其他同类产品。吸斗用于清除路面上的灰尘和杂物,双滤箱用于过滤由吸斗吸起的灰尘。

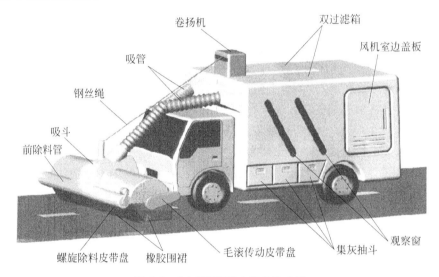

图 7.2 "中科"牌吸尘汽车构成图

其创新原理是:吸斗内有一长毛滚,在吸斗下半部四周是便于避让道路障碍物的橡胶"围裙"。"围裙"前片是自由拖地斜坡式橡胶板,另三片均垂直距地面一定距离,吸斗内毛滚是有尼龙绳编排的,可有效地打起灰尘和垃圾。对质轻片大的垃圾采用在吸斗中上部的吸管进风口处首先堵截清除的办法,即安装一种半圆金属过滤网并由其中的螺旋杆旋转清除垃圾的装置来首先解决轻垃圾,从而有效分离了粗、细垃圾。细小的灰尘能顺利进入双过滤箱,过滤装置采用的是细网状和布状——粗、细过滤相结合的几道平面式过滤方法,即粗、中、细滤片来分别拦截粗细不同的灰尘。多片过滤方式增大了过滤面积,进而提高了过滤效率,滤片在箱内布局为上、下斜置式,一定的斜置角度对于下一步清落滤片上附着的灰尘是非常有效的,采用敲击振动和附加往复式排刷清灰办法,灰尘即可迅速落入底部的灰尘抽斗。滤箱分为两组,尾部有一组可执行互换工作的装置,它可使双滤箱实现自动快速的互换工作,从而保持灰尘的过滤高效快速。

另外,吸斗可以左右移动,可有效地对付道路死角。双驾驶操纵系统视角良好,操作方便。吸斗下半部是柔软的橡胶围裙,便于避让障碍物。毛滚用普通的尼龙绳编排,由于其柔软、耐磨,因此打灰效果好,更换方便,成本极低。毛滚和螺旋杆的动力来源由本车发动机提供。

2. 本产品的优点

经实验表明,与现有的国内同类产品相比,本产品拥有以下优点:

(1) 除特殊的天气情况外,使用本产品可使城市可吸入颗粒物大幅度降低,城市灰尘可减少60%以上,除尘效果非常明显;

(2) 能有效地解决轻而片大的垃圾对过滤装置的阻塞问题;

(3) 能够连续高效地对极细微的颗粒灰尘进行过滤与清除;

(4) 毛滚用普通的尼龙绳编排,质地柔软,打灰效果好,更换方便,成本低;

(5) 车前部的吸斗可以左右移动,能有效地对付道路死角;

(6) 双驾驶操纵系统视角良好,操作方便;

(7) 吸斗下半部是柔软的橡胶围裙,便于避让障碍物;

(8) 产品维修简单,人员经短期培训即可掌握;

(9) 本产品采用专利技术和造价适中的国产部件,让产品保持较低的售价,成本是国内同类产品的三分之二。

经测算,我国长江以北的一千多个城市(包括县级及较大的镇)需要这种产品,当然长江以南也有一定的市场。按每个城市需用3~4台计算,预计总需求3000台以上。这些并不包括另一个潜在市场(如各大型工矿、企业、高校等),按每家平均1台计算,也是个不小的数目。

7.3 市场分析

7.3.1 购买特征

路面吸尘汽车的实际受益者是城市的全体市民,使用者是环卫工人,购买决策者是单位的负责人,实际采购者是单位的技术人员。市场特征呈现受益者、使用者、购买决策者和实际采购者分离的特殊性。

路面吸尘汽车市场是"组织市场",可以继续将市容环卫部门、道路管理部门看成为政府市场,将高校后勤集团看成为非营利组织市场,将物业管理部门、旅游区管理部门看成为出卖服务的中间商市场。"组织市场"购买行为呈现以下特点:购买者数量比较少但购买价值高,供需双方关系较为密切稳定,专业人员直接采购等。针对这些特点,厂家人员推销是最有效的营销方式。各单位根据采购经费总额和当地的路面情况选择清扫车辆的种类、规格,同时会参考地域因素、品牌偏好和对现有设备的使用效果评估等因素进行购买。

购买决策过程如下:

(1) 单位高层做出购买意向——→技术人员按照标准选择供应商商谈采购条款并做出评估——→采购人员将评估结果上报单位高层——→单位高层批准购买。

(2) 公开招标也是组织市场一种重要的购买方式。

7.3.2 市场细分

按市场开发程度,国内的清扫车辆市场可以分为三类。

1. 已开发的清扫车辆市场

即指目前使用清扫车辆的单位,如市容局、机械化清扫队等。这类市场主要分布在经济较为发达的沿海地区、直辖市、各省中心城市及经济特区等。使用的品牌不一,各厂家的宣传已经基本完成,但品牌忠诚度尚未完全形成,对价格比较敏感,注重产品的性能,消费行为成熟。

2. 需求明显但尚未完全开发的市场

即指认识到需要,但由于经费紧缺等因素未购买或购买数量不足的单位。这类市场主要分布在经济欠发达的中西部地区,而这一地区恰恰是我国城市污染较严重、气候条件恶劣(沙尘暴频繁)的地区。在这片占国土面积三分之二的广大市场上,各单位较少接触城市清扫车辆,对价格的敏感度很高,相当部分厂家并不重视或尚未进入这类市场,品牌忠诚度很低。

以合肥市为例,2003年合肥市机械化清扫大队拥有4～5辆清洗车,主要负责城区内立交桥及主干道的清扫工作,每天两次,每小时可清扫约四万平方米的路面,对于一个省会城市而言,清扫车辆的数量严重不足,但是由于市面上现有清扫车辆的产品价格高高在上,一直未能批量购买。

3. 尚未开发的市场

即指未认识到需要,但有条件购买的潜在市场。如高校大学城后勤集团、物业公司、旅游区、大型厂矿企业等。这些单位大多数沿用人工清扫的方式,未了解相关产品,但拥有一定的购买能力。这类市场易被厂家所忽略,所以进入者较少,顾客主要关心产品使用后带来的效果,对价格敏感度一般。

合肥工业大学南区占地面积约66.6万平方米,需要23名环卫工人,平均每位环卫工人负责28983平方米;按这样的劳动效率计算,中国科技大学的133万平方米需要46人,北京大学的265万平方米需要92人,武汉大学的373万平方米需要130人,在高校后勤改革的今天,这样一支庞大的清扫队伍势必增加高校的负担,况且一个人清扫28983平方米的劳动量既不现实也缺乏人性化。

现代住宅小区往往比较集中且面积较大,居民对小区的卫生状况的关心为一个或多个物业管理公司联合购买路面清扫车辆提供了可能性。

旅游风景区是人们休闲消遣的地方,顾客花了钱就是要享受洁净的自然环境,但是,风景区的道路贴了地砖,不平整,缝隙部分人工清扫难以顾及,所以旅游区对本产品也有潜在需求。

随着高速公路的飞速发展,做好高速公路养护管理工作便成为公路管理部门的一项重要工作。养护与管理搞好了,才能确保高速公路全天候、大流量、大吨位、完好、安全、连续、快速、优质地投入运营,真正发挥公路网运输的主导作用。高速公路养护管理,必须实行"预防性养护、机械化养护为主,防止中断交通"的原则,它比一般公路养护管理要求标准高、管理严,也是路面吸尘汽车的潜在目标市场。

7.3.3 行业进入难度分析

1. 现有的清扫车系列

国内厂商生产的清扫车、清洗车价格较高,以清扫功能为主,吸尘功能薄弱,部分车辆配有高压水泵和喷枪。

长沙中标实业有限责任公司、北京北清机扫集团有限责任公司、南宁重型机械厂、苏州市京达环卫设备有限公司、天津扫地王专用汽车有限公司、四川泸州机器厂占据了全国清扫车辆市场的大部分市场份额,此外还有规模较小的企业分布在各地。

美国 ELGIN 公司、PEABODY MYERS 公司、英国 JOHNSTON 公司、德国 SCHORLING 公司等生产的真空吸扫式清扫车,普遍采用湿式降尘、密封式吸隔、液压或气动控制系统、吸扫双重清扫作业,因而具有工作效率高、环境污染小等优点。缺点是价格太高,单价往往在百万以上,有的甚至高达两三百万,综合性价比不高,所占的市场份额很小。

对目标市场调查的情况是:在购买类似的产品中,38%的表示最关注性能;33%的表示最关注价格;91%的表示在性能相差无几的情况下,价格成为决定性因素;在所关注的产品要素中,依次为性能、价格、质量、售后服务。本产品着眼于除尘这一高标准的诉求,兼顾清扫这一基本功能,采用专利技术,大幅度降低产品的生产成本,与现有产品相比较,在性能、成本、价格、市场等各个方面,均占有相当优势。

2. 市场竞争吸引力分析

本行业属于垄断竞争市场,行业中企业数量多,利润较高,竞争较激烈,但行业中无绝对的领导型企业。我们有独特的新技术,并拥有专利保护;零部件来源途径较多,不易被控制;采用人员上门推销的策略可忽略现有企业对销售渠道的控制;但是由于进入本行业的必要资本量较大,进入存在一定壁垒。

根据迈克尔·波特的理论,以下五种力量决定了本行业的长期内在吸引力:

(1) 细分市场内激烈竞争的威胁　目前国内的环卫车辆,基本上只具备清扫或清洗功能,吸尘功能突出是我们区别以往产品最显著的特征,在这一个细分市场上竞争对手不多。随着经济水平的不断提高,该细分市场将处于成长期。

(2) 新竞争者的威胁　根据行业利润的观点,最有吸引力的细分市场应该是进入壁垒高、退出壁垒低。在这样的细分市场里,新公司很难打入,但经营不善的公司可以安然撤退。我们将根据实际情况,利用本地区几家破产的原国有大型机械厂的现有资源,采用租赁的方式获得厂房、生产设备等,降低进入成本和退出成本。

(3) 替代品的威胁　从发展的角度来看,路面吸尘汽车将是现在市场上清扫车、清洗车的替代品,但是不能忽略清扫车辆由于市场相对成熟,在一定时间内限制了我们市场份额的增长。我们将密切注意相关产品的发展趋势,做好新技术开发。

(4) 购买者议价能力加强的威胁　在将来相当长的时间内,招投标将是购买相关产品的主要方式,顾客会根据自己的预期提供可以接受的价格范围,本产品拥有专利技术的优势,我们将把工作中心放在提供顾客无法拒绝的优质产品,以削弱顾客的议价能力。

(5) 供应商议价能力加强的威胁 本产品易损坏的零部件可获性强,转换供应商的成本低,不易受制于他人。我们将与供应商建立良好关系并开拓多种供应渠道,并在适当的时候采用后向一体化的方式削弱这种威胁。

7.3.4 市场容量

据统计,全国共有地级以上城市340余座,未含4个直辖市和香港、澳门特别行政区以及台湾省。如果加上县级市和较大的县城则有一千多个。按每座城市1~2台计算,预计需求可达1000台以上。每台售价按13万元计算,营业额应在1个亿以上,每台的纯利可达7万元,总利润可达6500万以上。可以发现:

(1) 顾客购买数量较大。

(2) 东南沿海的经济发达城市的购买数量和次数都高于其他地区,这也论证了我们前面提出的价格是阻碍产品普及的最大障碍的分析。

(3) 产品使用后的效果,决定顾客在重购时是直接重购还是重新选择供应商。

(4) 根据互联网上发布的部分政府采购委员会文件,多数提到了需要采购城市清扫车辆,例如:①2003年1月22日中机国际招标公司受乌鲁木齐市交通改善项目执行办公室的委托,公开招标机械式道路清扫车4台、真空式清扫车4台、轻型清扫车10台;②2003年11月26日北京市丰台区环卫中心道路清扫车采购公告,公开招标中型道路清扫车2台;③2004年4月3日西安市斥资1200万元购置的25台新型扫地车上路作业。

以上分析的市场容量还未包括遍布全国的高校、大型物业公司、旅游景区、厂矿企业等潜在市场,即使它们中的10%购买我们的产品,按平均每家购买一台计算,也是一个庞大的市场。据粗略计算,目前国内拥有清扫车辆的城市不超过30%,道路机扫率平均不到道路面积的10%。从整体上看,随着我国经济的持续快速健康发展,城市化水平的不断提高,国家规定创建环保模范城道路机扫率必须达到道路面积的42%,市场将不断增长,容量将不断扩充。五年以内本企业的年销售额估计可达1个亿左右。

通过以上的分析,可见我们的产品具有竞争优势:路面吸尘汽车本身优越的吸尘性能;国家实用新型专利的保护;生产成本低,价格低;原材料、零部件来源范围广,获取性强;高科技的环保产品符合政策的发展方向,符合我国城市化发展的需要。

7.4 生产管理

7.4.1 厂址选择

公司拟建在HN市经济开发区。HN市地处华东腹地,地跨淮河两岸,区位优势明显,交通便利;铁路横贯全市,与京沪、京广、陇海、京九四大铁路大动脉相连,206国道穿境而过,淮河四季通航,与京杭大运河连接,并与长江相连。HN市是著名的能源工业基地之一,有着优良的工业传统,劳动力资源丰富且工资水平低。

HN市经济技术开发区是省级开发区。市委、市政府十分重视,可享受到:"在开发区投资的生产型企业,经营期为10年以上的,按其上缴的企业所得税地方分成部分,实行第一年至第五年先征收后全额奖励给企业,第六年至第十年先征收后减半奖励给企业。"根据投资者的要求,开发区可为新建企业代建厂房,但投资方须按厂房建筑造价的20%缴纳定金。开发区为其代建的厂房,投资者可选择分期付款或租赁的方式使用等优惠政策。

7.4.2 项目进度

整个投资分为两期:第一期兴建组装车间、招募及培训员工;第二期实现部分重要零部件的生产、装配一体化,兴建金工、铆焊车间等。

7.4.3 生产工艺流程

路面吸尘汽车的组装生产工艺流程如图7.3所示。

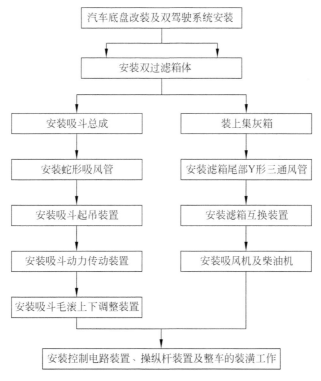

图7.3 生产工艺流程

7.4.4 零部件来源

公司在初期将把零部件承包给指定的工厂生产,主要有汽车底盘(东风、解放等轻卡)、吸风机匹配动力、吸风机、吸斗、蛇形吸管、双滤管、吸斗毛滚传动装置、双转向装置、各种附加装置九大部分,要求各厂在合同规定的时间内,保质保量的完成生产任务。

7.4.5 物料流程形式

布置问题的目标是使物流成本最小,并方便生产流程的进行,公司产品体积较为庞大,不容易移动,所以应尽量保持产品不动,将工作地按产品生产的要求来固定布置,其他功能围绕产品而固定下来。公司采用固定式布置,将装配对象固定,生产工人和设备都随产品所在地的传输位置而有规律的移动,物料流程形式如图 7.4 所示。

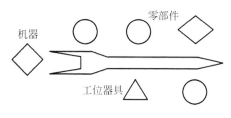

图 7.4 物料流程形式

7.4.6 生产要求

1. 生产周期

从部件到组装成车生产周期为 2~3 天,特殊情况下 1~2 天可以组装完成。

2. 员工素质要求

一线工人需具备一定的生产经验,相关专业的技术学院或高职学校毕业,经过一个月的岗位培训方可上岗。根据工作设计中的行为理论,专业化程度高、重要性强的工作容易使人产生单调感,从而影响到工作效果,我们将综合工作扩大化、工作职位轮换、工作丰富化的优点,将工人分为若干团队,鼓励竞争和增加激励。

3. 质量控制

质量是创造价值和顾客满意的关键。公司将实施全面质量管理(total quality management,TQM)对所有的生产过程、产品和服务进行有效的管理和改进。在公司发展的初级阶段,我们将采用全数检验,对全部产品逐个进行测定,杜绝不合格品流出。

公司将建立 ISO 9000 质量管理体系和 ISO 14000 环境管理体系,力争获得 ISO 9000 质量管理认证和 ISO 14000 环境管理认证。

4. 设计 ERP 系统

企业资源计划(enterprise resource planning,ERP)系统是在 MRPⅡ的基础上,通过反馈的物流和反馈的信息流、资金流,把客户需要和企业内部的生产经营活动以及供应商的资源整合在一起,体现完全按用户需要来经营管理的一种全新的管理方法。

本公司的 ERP 系统构建计划分为两期,一期工程包括分销供应链管理系统、制造管理系统和财务管理系统三大部分,共 13 个功能模块,如图 7.5 所示。系统采用 Oracle Application 中文版 ERP。

ERP 系统的实施是个高难度、高风险的过程,为确保项目的工期和质量,公司将成立以总经理为首的 ERP 项目小组。整个系统计划实施经历系统论证、项目立项、需求调研、流程设计、系统实现、人员培训、系统测试、系统和手工的并行和正式运行等过程。

(1)需求调研 该阶段实施顾问将进驻公司,对业务流程和管理需求展开调研,计划历

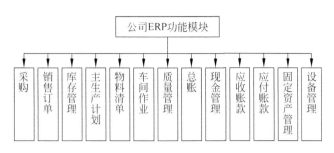

图 7.5　公司 ERP 功能模块图

时 3 个月。

(2) 流程设计　根据调研结果,实施顾问针对公司的业务,形成 ERP 系统各个模块的总体实现方案,历时 1 个多月。通过流程设计,促进组织机构的优化,如财务集中管理。

(3) 系统实现　在该阶段系统开始安装;半月后,实施顾问根据总体实施方案,开始系统的初始化工作,历时 5 个月时间,陆续完成计划 13 个模块的系统实施任务。同时,针对财务系统需求,进行了少量的二次开发工作,如实际成本计算程序的开发。

(4) 人员培训工作　人员培训是整个系统实施的重要内容,培训主要将在三个层次上展开:一是管理层的概念培训,二是项目组实施骨干的技术培训,三是针对业务人员的操作培训,整个培训中工作贯穿整个实施过程。

(5) 系统测试工程　根据各个模块之间的逻辑关系,整个实施过程计划组织两次大规模的系统测试:第一次是针对供应链系统和财务系统的集成测试工作,历时一个月;第二次测试涵盖整个系统的 13 个模块。

(6) 系统并行和正式运行　经过实施顾问和 ERP 实施小组的辛勤努力,整个软件系统全面具备上线并行的条件。实现了分销、制造部门的系统切换,大大提高了公司物流的控制水平;在此基础上,经过财务部门的努力,进行物流与资金流的集成,实现财务系统的实施目标,整个系统全面投入运行。

7.5　公司战略

7.5.1　总体战略

公司力争在 5～7 年内成为路面吸尘车辆生产、销售领域的市场领导者。公司使命:提供优质的产品和服务,改善城市路面环境卫生。

7.5.2　发展战略

1. 初期战略(1～3 年)

主要产品是路面吸尘汽车,市场策略为进入目前尚未购买该类产品的部门,并占有清扫车、清洗车的部分市场份额;宣传产品的独特性能,让顾客和市民们逐渐认知吸尘相比清扫的巨大优势,培育"吸尘"这样一个细分市场,使公司的产品和服务区别于竞争对手;建立自己的品牌,积累无形资产;收回投资,积极开发新技术,扩展生产线。

在这一阶段,公司将在生产环节上采取成本领先战略,抢占市场防止潜在竞争者的加入,使公司处于低成本、高收益的良性循环中;在销售和售后服务上采取差异化战略,确定定点赶超对象,以改进竞争绩效。

逐步建立健全的销售网络,累计销售预计约达到1500台(各种型号、规格),销售收入约1.95亿,利润约1.05亿元;市场占有率有望达到5%～10%。

2. 中期战略(4～7年)

进一步完善和健全销售网络;利用现有产品进入新的地区市场,开发新技术以更新、改进现有产品;收购、重组破产企业,以期用较少的资金扩大生产能力;市场占有率达到20%左右,居于行业的领先地位;巩固已取得的市场份额,进入部分发展中国家市场。

3. 长期战略(7～10年)

从整体上看,随着我国经济持续快速发展,大型和特大型建设项目不断开工,再加上"十五"规划期间对西部的开发预计投资达7000多亿元,这无疑使各种工程机械的需要量大幅度增加。利用公司在吸尘机械研制方面的技术优势,开发以汽车为底盘的多功能化工程机械,如随车起重机、空气吸尘车和扫雪机等;实现产品多元化,拓展市场空间,扩大市场占有率;以高技术、高质量进入发达国家市场。

7.6 市场营销策略

7.6.1 概述

路面吸尘汽车,是在科学地分析国内清洁机械的现状与不足的情况下,开发的一种以吸滤路面灰尘为主的清洁机械,可广泛运用于城市主干道、人行道、较为集中的住宅小区、校园、厂矿及旅游景区等场所的路面清洁,具有吸尘效果突出、生产技术成熟、成本价格低等显著优点。我国是世界上国土面积第三位的国家,也是最大的发展中国家,国民经济持续稳定发展,城市化水平不断提高,随之而来的城市道路环境问题将使本产品具有广阔的市场前景。本着"让绿色插上科技的翅膀"的宗旨,我们将根据客户的要求和反馈意见,生产不同性能指标、不同规格的路面吸尘机械,以满足不同行业的需要。

1. 产品策略

"中科"牌路面吸尘车辆,产品商标如图7.6所示。

图7.6 产品商标图

2. 企业 CIS 设计

由于企业识别系统(corporate identity system,CIS)是特定企业进行良好组织形象策划、设计、传播和管理的一种战略、方案和手段,是以系统化、标准化、规范化为基础,确保了产品质量,提高了服务水平,增强消费者的信心,势必提高企业的形象和知名度。本公司在成立时即导入 CIS 可使公司及产品在总体形象上领先于其他企业。

我们设计把企业标志应用在:

(1) 办公用品,包括名片、信封、信纸、资料袋、赠品、一次性纸杯、笔、报价单等。

(2) 企业员工制服。

(3) 企业名称,体现在建筑、环境,包括建筑物外部招牌、企业标志旗帜、大门标识、各部门车间标识。

(4) 商品展示与陈列识别设计,包括参加各种性质的展览活动,以企业标准色彩统一展示与陈列识别形象。

(5) 企业广告,包括户外平面广告、杂志广告、报纸广告、直邮广告、网页等。

部分设计样图见图 7.7 所示。

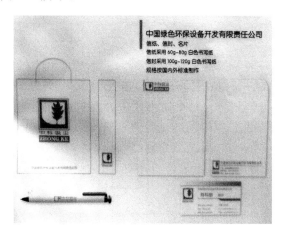

图 7.7　企业 CIS 设计

7.6.2　售后服务

以"顾客为中心"的经营理念,建立以公司快速服务中心、驻外办事处、服务网点的三级服务保障体系,以优良服务树立良好的企业形象。我们将在各销售片区均配备数名专业服务人员,良好的交通工具(售后服务专车)及通信工具(手机、网络),每个办事处都设立零配件二级库,保证在车辆维护和修理时配件的及时供应,能迅速、快捷、周到地向客户提供优质服务。同时将与为我们提供底盘的汽车公司达成合作协议,共享其遍布全国各地的服务网络,使公司的每一个用户都能享受到优质、快捷、周到的售后服务。具体服务承诺如下:

(1) 公司将对系列产品实行终生维修,三年免费维护;

(2) 公司接到用户报修电话,将在两小时内将处理意见及决定通知用户,保证用户能得迅速及时服务;

(3) 公司对驻外办事处所在城市及周边 50 公里为半径范围内的城镇实行"四小时到

达,四小时内排除故障"的服务承诺;对全国任何一个城市,实行"二十四小时内到达,四小时内排除故障"的服务承诺,以保证用户正常使用;

(4) 我们还将建立客户资料档案,定期打电话或发电子邮件了解产品的使用情况,及时解决顾客的意见和建议;

(5) 对于每位购买我公司产品的客户,我们将派出技术人员,培训当地的操作人员,让他们了解产品优异的性能,掌握正确的操作方式,熟悉易耗品的更换和一些小故障的处理。

7.6.3 价格策略

我公司产品具有成本低的优势,有的购买单位采购总额既定且并不宽裕,价格成为敏感因素,需求弹性较大,为配合以上策略,使产品能够迅速进入市场,故采用渗透定价。

针对国内市场情况,我们把价格大约定在国产清扫车辆价格的30%～40%(相同规格),在性能领先,保证质量的情况下,价格将成为我们迅速进入市场的有力武器。由于不采用昂贵的液压装置,即使竞争对手采取降价策略时,我们仍有较大的空间来保持自己的优势。

7.6.4 销售渠道

1. 销售片区

组织市场的购买者一般希望供应方直接采购,而不经过中间环节,对于价格昂贵或技术相对复杂的项目更是如此。所以在公司成立初期,我们将根据气候条件、地理位置、人口分布、经济状况等要素,将全国划分为七个销售片区,分别为:东北区(辖黑、吉、辽三省);华北区(辖京、津、鲁、冀);华东区(辖皖、苏、浙、沪);华南区(辖闽、粤、琼、港、澳);华中区(辖豫、鄂、湘、赣);西北区(辖晋、陕、甘、蒙、宁夏、新疆);西南区(辖川、渝、云、贵、藏、桂)。

我公司将在上述片区的中心城市设立办事处,以方便顾客购买及售后服务。

2. 电子商务

为了在现代竞争中树立企业良好形象,增强成本竞争优势,创造新的市场机会,缩短产品生产周期,提高顾客满意程度,本公司将开通电子商务系统。

选择外包的方式实施电子商务站点的构建,这样可以迅速建立电子商务站点,获得定制的电子商务方案及专业化服务,节省开发费用。

由于公司建立各销售大区,我们将采用网上会议、网上电话等方式进行沟通。

公司组装生产所需要的零部件需要向外采购,我们将利用网络和供应商保持密切联系,及时通报我们的生产计划,以保证生产活动的顺利进行。由于产品具有多规格,小批量,为专门的用户生产的特点,为争取达到无库存的理想状态,我们将实行订单生产,各销售大区可以将其获得的订单直接传送到生产组装车间,形成生产控制指令。

将完善网上销售系统,直接面向客户和消费者,建立 B-B 和 B-C 电子商务模式,及时更新网站内容,树立自己的品牌。

7.6.5 物流管理

本公司初期计划年产量虽然不高,但在现代物流领域的设备、设施、信息系统等的投入是相当大的,而且由于物流需求的不确定性和复杂性,导致投资存在巨大风险;并且本公司的产品运输具备单位价值高、单位配送量高、配送频率较低、产品标准化程度较高等特征,本公司准备采用第三方物流,将业务外包,减少投资,降低风险。

7.6.6 促销策略

1. 人员推销

在利用媒体大力宣传的同时,公司将派出销售人员,上门推销。对于尚未认识到需要的单位,我们将介绍公司及产品的情况,为顾客带去产品性能的详细说明、图片及我们的售后承诺,并展示其他单位使用后的反馈情况,描述产品使用后将带来的改善,使顾客产生外部刺激。对于重购的客户着重突出产品"卓越的吸尘能力,低廉的价位"。对于新购的客户,可根据买方的实际情况提供租赁及分期付款等灵活的支付方式。

我们也将通过互联网和销售人员广泛收集信息,参加大型的工业博览会、产品交流会、研讨会等。

在高校的相关学科(如机械设计、环境工程等)设立奖学金,鼓励同学及教师进行相关的实验、研究,这样不仅培养潜在顾客,而且有利于充实我们的研发力量。

制作形式活泼、内容严谨、界面友好的公司主页,展开网络营销。

2. 广告

本产品的购买行为属于组织市场的购买行为,买方多有专业人员采购,所以在公司成立初期,不宜在广播、电视上做广告,我们将在专业杂志及买方单位有可能订阅的报刊上刊登广告,做到有的放矢。

就购买者地域位置相对集中的特点,我们将选择部分大、中城市的机场、火车站、高速公路入口设置主题为"美好的环境,有你,有我,还有它(吸尘汽车)"的平面广告。

为了给产品营造更有利的销售环境,我们将赞助高校学生团体组织的公益活动,如清洗立交桥、电线杆等环保活动,强化人们的环保意识,扩大本产品及公司的知名度,向社会展示本公司的社会责任感。

我国的载人航天事业的发展如火如荼,牵动全世界的目光。作为卫星发射基地,对环境的清洁度要求很高,有些区域甚至要求一尘不染,正好与本产品的诉求不谋而合。我们可以为其量身定做一款产品,用先租后买的方式交付卫星发射中心使用,然后借助媒体将这一信息发布出去,以宣传产品卓越的性能。

2008年北京奥运会是举世瞩目的大事,北京申奥的口号是"科技奥运、绿色奥运、人文奥运"。可以围绕这一盛会开展事件营销,我们可以向组委会赠送一定数量的吸尘车辆,负责奥运村的清扫工作;在进入奥运村或体育场的路口设置主题为"绿色的北京欢迎您"等平面广告;在资金允许的情况下,在央视直播前的黄金时段可以安排关于提高全民环保意识的公益广告,并赞助每日金牌榜,提高公司的知名度和美誉度。

3. 营业推广

租赁和分期付款。我们是驰骋的后进入者,类似产品已经在市场中拥有一定的口碑。

我们将采取租赁和分期付款的营销方式,考虑到顾客的现实购买能力,转换供应商的机会成本,对产品性能的质疑及公司实力的不信任。

(1) 租赁　双方签订租赁合同,先交纳年租赁费用,一般为本车售价除以其最大使用年限,如售价为15万元,有效使用期为10年,年租赁费用即为1.5万元。租赁期满后,客户可以选择购买、续租或是终止使用;

(2) 分期付款　双方签订购买合同,先支付部分金额作为首期款,一般约等同本车成本,如本车成本为7万元,首期金额即为7万元;在双方约定的时间内分别支付剩余款项,时间一般定为3年。为鼓励一次性全额购买,分期付款的价格应略高于正常的价格水平。

城市道路绿化是每个城市都极为重视的,我们可以订购树苗、花卉等作为购车赠品。

4. 关系营销

本行业属于顾客数量较少,但单位产品边际利润较高的行业,公司利润的重要部分将来自目标顾客的重复购买,并且公司清楚吸引一个新顾客所耗费的成本大概相当于保持一个现有顾客的5倍,所以公司将致力于培植顾客忠实感,展开关系营销。具体做法如下:

(1) 建立"绿色"俱乐部　顾客可以因其购买本公司的产品而自动成为会员,享受再次购买时的老顾客折扣,并设立积分制,重购的次数和数量越多,享受的折扣就越高;重购达到一定次数的顾客,将可以享受产品终生免费维护。

(2) 公司的销售人员将定期与顾客电话联系　了解产品是否与顾客所期望的相吻合,讨论有关改进产品用途或开发新产品的各种建议。

参考文献

1. 任中全,寇子明,何庆等.现代机械设计理论与方法.北京:煤炭工业出版社,2000
2. 庄寿强.普通创造学.徐州:中国矿业大学出版社,2001
3. 王成军.创造学.北京:人民军医出版社,2005
4. 甘自恒.广义创造学.北京:科学出版社,2003
5. 全球创造学报告[EB/OL].[2007-08-11].http://cci.cuc.edu.cn
6. 蒋端六.创造学的现状和展望.无锡教育学院学报,2000,(1):11-13
7. 吴红.创造学在中国的发展历程及其思考.学术论坛,2006,(2):36-40
8. 陈晓强.也论创造学的性质与研究对象.发明与创新,2005,(4):14-16
9. 创造学与创造力开发训练[EB/OL].[2008-10-11].http://me.seu.edu.cn
10. Sternberg R,Lubart T. Defying the crowd,cultivating creativity in a culture of conformity. New York, USA:The Free Press,1995
11. 李彦,李翔龙,赵武等.融合认知心理学的产品创新设计方法研究.计算机集成制造系统,2005,(9):1021-1027
12. 于德弘,陆根书.创造与创造力开发.西安交通大学学报(社会科学版),2002,(4):82-89
13. 李嘉曾.创造学与创造力开发训练.南京:江苏人民出版社,2002
14. (美)卡特·H.布利斯著,王笑东译.超级创造力.北京:民主与建设出版社,2003
15. 洪燕云.新产品设计创新思维的应用.重型机械科技,2000,(3):20-23
16. 张立中.创新核心技能培训教程.北京:中国统计出版社,2002
17. 伦敦市的防洪体系[EB/OL].[2004-04-25].http://www.gzwater.gov.cn
18. 周巍,刘中坤.新闻写作中求异思维的四个特点.新闻传播,2005,(5):16-18
19. 沈爱国.新闻采写中的求异思维.杭州大学学报(哲学社会科学版),1996,(3):16-18
20. 简论求异思维的方式[EB/OL].[2006-09-16].http://www.jledu.com.cn
21. 求异思维闪金光[EB/OL].[2007-12-27].http://www.gz.jxcn.cn
22. 新闻采写中的求异思维[EB/OL].[2008-03-26].http://www.gzu521.com
23. 全国中小学教师继续教育网[EB/OL].[2005-11-22].http://www.teacher.com.cn
24. 联邦快递创业之路[EB/OL].[2007-05-26].http://www.bokee.net
25. 洪燕云.创新思维与创新技法的应用.茶叶机械杂志,2000,(5):1-2
26. 新型轴承[EB/OL].[2008-04-25].http://www.yuanxi.lut.cn
27. 家用螺丝起子[EB/OL].[2001-11-06].http://3q.creativity.edu.tw
28. 余俊.现代设计方法及应用.北京:中国标准出版社,2002
29. Rich J. Brain storming taps into your creativity to generate awesome ideas and remarkable results. Franklin Lakes:Career Press,2003
30. 中国职业经理人认证网[EB/OL].[2008-08-21].http://www.cpmqa.gov.cn
31. 张武城.创造创新方略.北京:机械工业出版社,2005
32. 实用新型申请撰写示例[EB/OL].[2008-10-14].http://www.sipo.gov.cn
33. 计算机世界报.第38、39期 B16,2005-10-10
34. The TRIZ Institute. The TRIZ Journal [EB/OL].[2004-11-01].http://www.triz-journal.com
35. 工程创新模块使用手册[EB/OL].[2005-10-25].http://www.grandar.com
36. 曲凌.慧鱼创意机器人设计与实践教程.上海:上海交通大学出版社,2008

37. 中国动画产业基地[EB/OL].[2006-11-08].http://www.czjscq.com
38. 孙延明,赖朝安,郑时雄.基于WEB的计算机辅助机械创新设计系统研究.现代制造工程,2001,(12):11-13
39. 牛占文,徐燕申,林岳等.实现产品创新的关键技术——计算机辅助创新技术.机械工程学报,2000,(1):11-14
40. 李彦,王杰,李翔龙等.创造性思维及计算机辅助产品创新设计研究.计算机集成制造系统,2003,(9):1092-1096
41. 康鹏.UG NX3三维建模精彩实例导航.北京:机械工业出版社,2005
42. (美)A.J.斯塔科著,刘晓玲,曾守锤译.创造能力与教学.上海:华东师范大学出版社,2003
43. 洪燕云.面向新时代培养复合应用型经济管理类人才的探索.安徽理工大学学报(社会科学版),2003,(3):30-33
44. 何庆,谈衡.应用型本科实践教学体系的构建.工程实践教育探索与创新.南京:东南大学出版社,2007
45. 罗庆生,韩宝玲.大学生创造学(理论学习篇).北京:中国建材工业出版社,2001
46. 洪燕云.《市场调查与预测》课堂教学模式改革与实践.统计教育,2006,(5):26-28
47. 洪燕云.知识经济时代中小企业经营新模式.工业技术经济,2002,(5):36-39
48. 汪菲,洪燕云.中小企业营销如何应对经济全球化.技术经济,2005,(4):30-33